Klaus Heilmann

Kikis geheimer Kinderratgeber

Worüber Erwachsene
echt mal nachdenken sollten

Mit Zeichnungen von Vincent Weis
(nun schon 9 Jahre)

Knaur

Besuchen Sie uns im Internet:
www.knaur.de

Copyright © 2010 bei Knaur Verlag
Ein Unternehmen der Droemerschen Verlagsanstalt
Th. Knaur Nachf. GmbH & Co. KG, München.
Alle Rechte vorbehalten. Das Werk darf – auch teilweise –
nur mit Genehmigung des Verlages wiedergegeben werden.
Umschlaggestaltung: ZERO Werbeagentur, München
Umschlagillustration: Susanne Kracht
Satz: Adobe InDesign im Verlag
Druck und Bindung: GGP Media GmbH, Pößneck
Printed in Germany
ISBN 978-3-426-65471-2

2   4   5   3   1

Kinder können so oder so sein,
Erwachsene nur so.

Kiki

Inhalt

Erstes Kapitel

*in dem ich erst einmal sage,
warum ich mir die Mühe gemacht
habe, noch einen Kinderratgeber zu
schreiben. Und warum diesmal
einen geheimen.*

Hallo, ich heiße Kiki, gehe in die Dritte und werde bald zehn.

Dieses Buch habe ich geschrieben. Schön, dass Sie es gekauft haben. Lesen Sie es aber auch, sonst hätte ich mir die Mühe echt sparen können.

Ich weiß gar nicht, ob Sie eigentlich wissen, was das ist: ein *Kinderratgeber.*

Ist das ein Ratgeber für Kinder, den Kinder lesen? Oder ist es ein Buch für Erwachsene? Damit die einmal etwas Nützliches über Kinder lernen und besser mit ihnen zurechtkommen?

Und weil Sie das vielleicht gar nicht genau wissen, was das ist, ein Kinderratgeber, will ich es Ihnen verraten: Es ist ein Buch besonders für Erwachsene, damit sie Kinder besser verstehen. Weil bei denen nämlich die Lücken über Kinder sehr groß sind. Größer noch als bei mir in Mathe. Und da hilft dann nur Nachhilfe.

Lesen Sie mein Buch gründlich. So gründlich, wie Sie immer von Ihren Kindern wollen, dass die ein Buch gründlich lesen.

Aber lesen Sie es unbedingt, *bevor* es Kinder lesen. Damit Sie mit denen nicht plötzlich in Diskussionen hineingeraten, auf die Sie gar nicht vorbereitet sind. Und die Ihnen vielleicht nicht gefallen. Oder sogar peinlich sind.

Verstecken Sie mein Buch also erst einmal. Aber verstecken Sie es gut. Kinder finden nämlich alles, besonders die Sachen, die sie nicht finden sollen.

Einen Kinderratgeber habe ich schon geschrieben. Dieser hier ist mein zweiter.

Von meinem ersten Ratgeberbuch weiß ich, dass es auch von vielen Kindern gekauft worden ist. Weil die es megainteressant gefunden haben, was die Erwachsenen über Kinder so alles nicht wissen. Und dann haben sie es verschenkt, vor allem an die Eltern. Weil es sich nämlich allmählich herumgesprochen hat, dass die Kinder für die Erziehung der Erwachsenen mehr tun müssen.

Falls Sie aber das Buch von einem Kind geschenkt bekommen, brauchen Sie es natürlich nicht mehr verstecken, weil das Kind es dann schon gelesen hat. Aber ärgern Sie sich nicht darüber, dass es darin gelesen hat, sondern freuen Sie sich. Weil es wahrscheinlich sein Taschengeld dafür ausgegeben hat. Obwohl das eigentlich nicht der Sinn von Taschengeld ist, dass Kinder ihren Eltern davon ein Ratgeberbuch kaufen, damit sie etwas über Kinder lernen, aber das nur nebenbei.

Bei meinem ersten Kinderratgeber hat es jede Menge Diskussionen gegeben. Und gibt es noch immer.

Vor allem bei den Eltern. Meistens abends, wenn die Kinder im Bett liegen und die Eltern glauben, dass sie nicht mithören, die Kinder, weil sie schon schlafen.

Und natürlich bei den Lehrern. Wenn die in der Pause ihre Butterbrezeln essen und über die schwierigen Kinder stöhnen. Und über die unvernünftigen Eltern. Und überhaupt, wie schwer es ist, Lehrer zu sein. Viel schwerer als Pfarrer oder Polizist.

Das mit den Lehrern weiß ich vom Herrn Kraut. Das ist der Hausmeister unserer Schule. Schade, dass *er* nicht Lehrer geworden ist. Meine Noten wären dann viel besser und die von anderen Kindern auch. Leider haben seine Zeugnisse für Lehrerwerden nicht gereicht.

Der Herr Kraut würde gerne mit einem Lehrer tauschen, weil er Kinder nämlich sehr mag, auch die schwierigen. Und viel Geduld mit ihnen hat. Und er echt gerne Lehrer geworden wäre. Aber keiner der Lehrer will mit ihm tauschen, obwohl viele eigentlich ganz was anderes werden wollten. Lieber stöhnen sie über die schwierigen Kinder, als dass sie Hausmeister werden wollen.

Also, ich finde es klasse, dass so viel über mein erstes Buch gesprochen wird. Und sogar in den Zeitungen ist darüber geschrieben worden. Da scheint dann ja auch vieles zu stimmen, was ich gesagt habe.

Ja, ich weiß schon, wovon ich spreche, aber holla!

In meinem neuen Buch geht es natürlich auch wieder um Eltern und Lehrer und Schule. Die ist ja in allen Familien ein Dauerthema.

Aber diesmal geht es um noch viel mehr.

Da mache ich mir über die Erwachsenen mal

so ganz allgemein meine Gedanken. Vor allem, warum sie so sind, wie sie sind. Und stelle den Erwachsenen ein paar Fragen, über die sie echt einmal nachdenken sollten.

Für mein neues Buch habe ich natürlich auch wieder mit Eltern und Lehrern gesprochen. Und mit Polizisten und Leuten von der Zeitung und mit Omas auf Kinderspielplätzen und noch mit vielen anderen. Auch mit meinem Onkel Poldi, denn der versteht von Kindern eine Menge. Und natürlich mit Kindern, ich kenne ja viele. Und habe sie gefragt, wie *sie* denn das so sehen mit den Kindern und den Erwachsenen. Natürlich ganz unauffällig, sie sollten ja nicht gleich wissen, warum ich es frage.

Also, was ich da so alles erfahren habe, aber echt!

Und natürlich habe ich das Gleiche getan, was ich schon bei meinem ersten Buch getan habe. Mir mal wieder die schlauen Ratgeberbücher vorgenommen, in denen Mama immer liest und die sie vor mir im Wäscheschrank versteckt. Von denen hat sie jetzt schon so viele, dass die bald gar nicht mehr ins Versteck hineinpassen.

Und in denen habe ich mal nachgeguckt, was denn da so alles drinsteht über Kinder und Erwachsene. Was die superschlauen Kinderexperten den Eltern denn raten, was ihre Kinder alles tun sollen und was nicht.

Und dann habe ich beobachtet, ob die Erwachsenen das eigentlich selbst tun, was in den Ratgeberbüchern steht, dass die Kinder tun sollen.

Das war sehr interessant!

Natürlich ist auch mein neuer Kinderratgeber nützlich.

Ich habe ihn aber nicht *nützlich* genannt, wie meinen ersten, sondern *geheim,* damit Sie ihn nicht einfach so rumliegen lassen. Weil Sie sicher nicht wollen, dass andere Leute mitkriegen, dass Sie über Kinder noch was lernen können.

Dabei wäre das gar nicht so schlimm, weil die meisten Erwachsenen über Kinder noch was lernen müssen. Das muss Ihnen gar nicht peinlich sein!

Und auch wegen mir habe ich das Buch geheim genannt. Denn eigentlich ist es ja schon so etwas wie Verrat, was ich da tue. Den Erwachsenen verraten, wie wir Kinder sie sehen.

Aber ich tue es ja nicht, weil ich die Kinder verraten will. Sondern weil ich möchte, dass sich was ändert.

Bei den Erwachsenen nämlich.

Damit die nicht dauernd über die schlimmen Kinder jammern.

Sondern endlich auch einmal über das eine oder andere nachdenken. Und vor allem natürlich über sich.

Und sich daran erinnern, dass auch sie einmal Kinder gewesen sind.

Und sich oft schrecklich über die nervigen Erwachsenen geärgert haben.

Und sich damals ganz fest vorgenommen haben, bei ihren eigenen Kindern einmal alles ganz anders zu machen.

Und weil Sie das alles, was Sie bei Ihren eigenen Kindern einmal ganz anders haben machen wollen, wahrscheinlich schon längst vergessen haben, möchte ich Sie mit diesem Buch wieder daran erinnern.

Mehr will ich gar nicht.

Aber weniger auch nicht.

Zweites Kapitel

in dem es um Vorbilder geht. Und
ich mich wundere, dass es so wenige
gibt für uns Kinder.

Vorbilder sind sehr wichtig für Kinder.

Das kann man in jedem guten Ratgeberbuch
lesen. Und auch von den Eltern kann man es immer wieder hören. Manchmal zu oft.

Wenn sie noch ganz klein sind,
die Kinder, da haben sie natürlich
noch keine echten Vorbilder. So welche wie Mutter Teresa oder Einstein.

Da machen sie erst einmal alles
nach, was die Großen vormachen.
Weil sie vom Nachmachen viel lernen können.
Das weiß ich von unserem Kinderarzt. Mit dem
unterhalte ich mich ja oft über Kinderprobleme.

In der Zeit, wo die Kinder alles nachmachen,
müssen die Erwachsenen natürlich tierisch gut
aufpassen, *was* sie den Kindern vormachen. Da-

mit sie denen nicht die total falschen Sachen vormachen.

Ich habe als Kind auch immer alles nachgemacht. Das hat Mama oft gar nicht gefallen, was ich gemacht habe. Dabei hat sie es mir selbst vorgemacht. Na ja, vielleicht nicht genauso, aber so ungefähr schon.

Und auch heute noch wundert sie sich, wenn ich was mache, was ihr nicht gefällt. Aber wenn ich sie dann aufkläre, woher ich das habe, sagt sie immer: »Was, von mir?« Mit so einem Unschuldsstimmchen, wie die Mütter es gerne haben, wenn sie merken, dass die Kinder recht haben. Aber zugeben würden sie es ja nie.

Am Anfang machen die Winzlinge erst einmal den Eltern alles nach, weil sie noch glauben, dass sie alles nachmachen müssen, was die ihnen vormachen. Und dass das auch gut ist für sie. Und die Eltern finden das natürlich ganz toll. Denn das wollen sie ja immer sein für ihre Kinder: Vorbilder.

Dabei sind sie da noch gar keine richtigen Vorbilder, nur Vormacher.

Aber da kommen sie mit der Zeit schon noch drauf, die Kinder, dass das nicht immer so gut ist, was die Eltern vormachen. Die einen früher, die anderen später.

Ich selbst bin ja schon ziemlich früh draufgekommen, aber das nur nebenbei.

Damit die Mamas und Papas ihren Zwergen nicht total falsche Sachen beibringen, gibt es diese superschlauen Ratgeberbücher, die kennen Sie ja wahrscheinlich. Und in denen steht ganz genau drin, was die Eltern den Kindern vormachen sollen und was besser nicht.

Wenn die Winzlinge dann Zwerge sind, machen sie natürlich auch anderen Großen was nach: der Oma oder dem Onkel. Auch den größeren Geschwistern, wenn sie welche haben.

Mein Bruder Niko …

Ach so, das sollte ich vielleicht noch erwähnen: ich habe zwei Brüder. Aber ich will ihnen das nicht vorwerfen.

Alex, eigentlich heißt er Alexander, ist älter als ich und in der Schule ein Überflieger. Er ist Papas ganzer Stolz, logo.

Ich bin nicht Papas ganzer Stolz, dafür aber sein Liebling.

Der andere, Niko, ist unser Nesthäkchen. Mit dem komme ich besser aus als mit Alex. Aber schwierig ist er auch, wie alle Jungs eben.

Meine Eltern können ja von Glück reden, dass sie mich haben. Das macht alles leichter für sie.

Zugeben würden sie das natürlich nicht, aber ich spüre es. Das genügt mir.

Also, mein Bruder Niko hat sich ja schon als Zwerg für alles interessiert, was *ich* ihm gezeigt oder vorgemacht habe. Weil es immer so kreativ ist, was ich mache.

Für Sachen, die Mama ihm gezeigt hat, hat er sich nicht so interessiert. Den haben mehr die Sachen interessiert, die sie ihm nicht gezeigt hat: Treppen runterrutschen, durch Hosenbeine kriechen, an Gardinenschnüren ziehen, auf Stühle klettern und so was. Und natürlich der Mülleimer, der war seine ganze Freude.

Und weil Niko sich mehr für Treppen und Mülleimer interessiert hat als für Bällchen und Bauklötzchen, ist er jetzt auch in seiner Entwicklung schon ziemlich weit. Viel weiter als andere in seinem Alter. Und will auch einmal Erfinder werden oder Entdecker.

Mama gefällt das natürlich gar nicht. Sie hat Angst, dass Niko in seinem Entdeckerdrang etwas passieren kann.

Klar kann da was passieren. Walter Scott ist vom Südpol auch nicht zurückgekehrt.

Eine Zeitlang hat es Mama bei Niko mit *Max und Moritz* versucht. Ich glaube, sie hat gehofft, dass die schlimmen Folgen von den Streichen von Max und Moritz Niko abschrecken würden.

Die haben Niko aber nicht abgeschreckt. Im Gegenteil. Immer tollere Sachen hat er sich einfallen lassen. Sachen, auf die wären nicht einmal Max und Moritz gekommen. Pflaster und Verbandszeug haben wir in dieser Phase seiner Entwicklung natürlich immer im Haus gehabt.

Also, den Kindern Bücher mit Bildern zum Abschrecken zu zeigen hat gar keinen Sinn. Zum Nachmachen sind Bilder aber schon geeignet. Vor allem, wenn sie sich auch noch bewegen. Wie die im Fernsehen.

Neulich, ich nenne nur mal ein Beispiel, haben Niko und ich im Fernsehen etwas über unsere Vorfahren gesehen, die Affen. Da haben sie gezeigt, wie toll sich die Affen von Ast zu Ast schwingen können. Und sie haben erklärt, dass wir Menschen das Talent zum Turnen von den Affen geerbt haben. Aber dass wir so toll, wie die Affen turnen, nicht mehr turnen können. Niko hat das aber nicht glauben wollen. Jetzt hat er einen Gipsverband um den Hals und weiß es.

Das nennt man Learning by Doing, hat Alex ihm erklärt und blöd gelacht. Typisch Alex! Aber der ist ja auch so was von einem Ekel.

Niko hat Mama danach versprechen müssen, endlich das zu glauben, was Erwachsene sagen. Weil das meist vernünftig ist, was die sagen.

Aber irgendwie muss Niko das total falsch verstanden haben. Weil er nämlich jetzt glaubt, dass Mama mit den vernünftigen Erwachsenen die Leute im Fernsehen gemeint hat. Das hat dann bei uns zu weiteren Katastrophen geführt.

Deswegen gibt's zurzeit gar kein Fernsehen bei uns. Papa hört jetzt Radio.

In Mamas Erziehungsratgeber *Kindern Vorbild sein* steht, dass nicht nur die Eltern für Kinder Vorbilder sind, sondern dass es später auch andere Erwachsene sein können: die Kindergärtnerin oder der Doktor. Auch ein netter Nachbar, ein Eisverkäufer oder der Postbote.

Also, der Postbote hat Niko nicht wirklich interessiert. Der Kinderarzt schon, aber bei dem sind wir ja zum Verbinden auch eine Zeitlang täglich gewesen. Am Schluss konnte Niko sich selbst verbinden, aber holla!

Vorübergehend hat Niko sich für Kanalarbeiter interessiert. Aber als er dann in einem Gully stecken geblieben ist und von der Feuerwehr befreit werden musste, war sein Interesse an Kanalarbeitern dahin.

Dafür wurden die Feuerwehrleute seine Vorbilder. An denen beeindruckt Niko, dass sie immer so schnell kommen, wenn es brennt. Bei uns hat es einmal nur fünf Minuten gedauert, bis sie da waren.

Wenn die Kinder dann in die Schule kommen, sind meist die Lehrer ihre Vorbilder, logo.

In der Ersten und Zweiten habe ich die Frau Ebner als Klassenlehrerin gehabt. Die war spitze. Ich habe alles getan, was sie gesagt hat. Mama hat sich gefreut, dass ich mir meine Lehrerin zum Vorbild genommen habe.

Mit der Zeit hat sich ihre Freude aber gelegt. Weil nämlich immer, wenn Mama was zu mir gesagt hat, ich gesagt habe: »Die Frau Ebner hat aber was ganz anderes gesagt.« Und da konnte Mama natürlich nichts dagegen sagen.

Ich fand das ganz praktisch, aber Mama fand es nicht so gut. Sie hat dann immer gesagt: »Du musst nicht alles glauben, was die Lehrer sagen. Die wissen auch nicht alles.«

Das hat mich in einen schrecklichem Konflikt gestürzt. Sollte ich nun meiner Mutter glauben oder meiner Lehrerin? Am Schluss habe ich mich dann dafür entschieden, keiner von beiden zu glauben. Das hat meinen Konflikt dann wieder gelöst.

Ich selbst bin ja ständig auf der Suche nach Vorbildern. Aber es ist echt schwer, welche zu finden. Vor allem jetzt, wo ich kein Kind mehr bin.

Meine jetzige Lehrerin, die Frau Herbst, kommt als Vorbild für mich überhaupt nicht in Frage. Erstens kriege ich von der viel zu schlechte Noten. Und zweitens mag sie keine Hunde. Und jemand, der keine Hunde mag, kann für mich kein Vorbild sein. Auch die Politiker kommen nicht in Frage, die behaupten ja jeden Tag was anderes. Und die Sportler und Popstars auch nicht, weil die immer verbotene Sachen tun, bloß um besser zu sein als andere oder bekannter. Und die von den Banken schon gar nicht. Also niemand, der ständig lügt und betrügt.

Aber wer bleibt da als Vorbild noch übrig? Echt schwer!

Neulich hat es bei uns an der Schule eine Autorenlesung gegeben. Von einem Kinderbuchautor. Die war ganz toll und der Autor auch.

Nach der Lesung habe ich mir eine Autogrammkarte mit Unterschrift bei ihm geholt. Und habe mich mit ihm unterhalten. Unter vier Augen.

Und habe ihn gefragt, welche Vorbilder *er* denn hat.

»Und warum willst du das wissen?«, hat er mich gefragt.

»Weil ich noch auf der Suche bin«, habe ich geantwortet. »Und weil vielleicht bei Ihren Vorbildern eines dabei ist, das auch für mich in Frage kommt.«

Er hat gelacht und gesagt: »Weißt du, Kiki, ich habe überhaupt keine Vorbilder.«

Da hat es mir fast die Sprache verschlagen, als er das gesagt hat. Ich konnte es einfach nicht glauben, dass jemand keine Vorbilder hat. Noch dazu ein Kinderbuchautor.

Und dann hat er gesagt: »Weißt du, Menschen, die ich bewundere, gibt es natürlich schon. Weil sie etwas tun, was ich toll finde. Oder weil sie etwas können, was ich selbst nicht kann, aber gerne können würde. Aber so sein wie sie möchte ich nicht. Weil ich so sein will, wie ich nun mal bin.«

»Aber man braucht doch etwas, dem man folgen kann«, habe ich gemeint.

»Da hast du recht«, hat er gesagt und hat mich gefragt, was ich einmal werden will.

Und ich habe geantwortet: glücklich.

Da hat er gesagt: »Wenn du das werden willst, darfst du dich nicht von Vorbildern leiten lassen. Dann musst deinen eigenen Wünschen und Träumen folgen. Und die findest du nur in dir selbst.«

Ich habe mich bei dem Autor sehr lieb für das Gespräch bedankt und habe viel darüber nachgedacht.

Und über dem Schreibplatz in meinem Zimmer hängt jetzt sein Bild – damit ich nie vergesse, was er gesagt hat.

Drittes Kapitel

in dem ich über Familien nachdenke. Und mal sagen möchte, dass das
für Kinder ganz wichtig ist, eine
Familie, egal was für eine.

Als ich noch klein war, habe ich gedacht: Familie ist Familie, alle Familien sind gleich.

Eine Familie: das sind Vater, Mutter und Kinder.

Und Waisenkinder sind Kinder, die keine Familie haben.

Aber seit ich in der Schule bin, weiß ich, dass
es viel komplizierter ist. Dass es ganz verschiedene Familien gibt. Dass jede Familie anders ist.

Und dass sogar Kinder mit Eltern Waisenkinder sein können. Ja, das gibt es. Und gar nicht so
selten.

Aus was für verschiedenen Familien die Kinder allein in meiner Klasse kommen, das glaubt
man nicht.

Da gibt es Familien mit Vater und Mutter und welche mit nur Vater oder mit nur Mutter.

Bei den Kindern, die daheim nur eine Mutter oder nur einen Vater haben, haben sich die Eltern meist getrennt. Das ist traurig. Aber meist nur für die Kinder. Die Eltern sind am Schluss ja froh, dass es auseinandergeht. Die Kinder sind nicht froh, aber die werden ja nicht gefragt. Die müssen abwarten, zu wem sie gesteckt werden, zu der Mutter oder zum Vater.

Die Alina in meiner Klasse ist von der Richterin gefragt worden, ob sie lieber bei ihrem Vater oder lieber bei ihrer Mutter bleiben möchte. Alina hat geantwortet: »Bei beiden.« Und ich habe gedacht, wie kann ein Erwachsener ein Kind nur so was Blödes fragen.

Und weil man sich nur für einen entscheiden kann, hat sich Alina für ihre Mutter entschieden. Alle vierzehn Tage fährt sie übers Wochenende zum Papa. Das ist ihr Recht, hat die Richterin ihr erklärt. Alina kriegt regelmäßig Bauchweh, wenn sie an das Wochenende denkt, obwohl sie sich doch so darauf freut. Und ihre Mama wird nervös, weil sie weiß, dass der Papa wieder über sie schimpft. Oft gibt es Streit, wenn Alina zurückkommt. Das kann man an den roten Augen sehen, die sie am nächsten Morgen in der Schule hat.

Aber Alina hat nicht aufgehört, beide liebzuhaben, den Papa und die Mama.

Ja, so sind Kinder! Da können sich die Erwachsenen mal ein Scheibchen abschneiden.

Für die Kinder wäre es echt besser, wenn die
Eltern auseinandergehen würden, bevor die Kinder da sind, finde ich.

Also, das sind keine schönen Familien, diese
halbierten Familien. Kein Kind findet sie schön.
Zum Glück können sich Kinder an alles gewöh-
nen. Sogar an Unglück.

Dann gibt es auch noch Familien ganz ohne
Kinder. Das sind die kinderlosen Familien. Über
die kann ich aber nichts sagen, weil von denen
kein Kind bei uns in der Klasse ist.

Bei den Familien mit Vater und Mutter gibt es
solche mit echtem Vater und echter Mutter. Und
solche mit echter Mutter und ausgetauschtem Vater oder echtem Vater und ausgetauschter Mutter.

Ich bin aus einer Familie mit echtem Vater
und echter Mutter, weil bei uns
niemand ausgewechselt werden musste. Mama und Papa
sind nämlich ganz zufrieden
miteinander, auch wenn es
hin und wieder kracht.

Mama rennt dann immer zur

Krach

31

Frau Meier. Die Frau Meier ist eine Freundin von Mama und wohnt ein paar Häuser weg von uns. Wir Kinder nennen sie Eiermeier, weil sie immer sagt, dass man Meier wie Eier schreibt. Sie hat ein Kosmetikgeschäft, eine kleine Tochter, die Mathilde, und einen Mann.

Und bei ihr jammert Mama sich dann aus. Und wenn sie sich ausgejammert hat, bringt die Eiermeier sie wieder zurück. Wenn sie Mama rechtzeitig zurückbringt, gibt es was zu essen, sonst nicht.

Und wenn Mama und Papa sich küssen, ist alles wieder gut.

Bei mir und meinen Brüdern geht es nicht so schnell mit dem Versöhnen. Aber wir küssen uns auch nicht.

Bei der Frau Meier läuft es genauso. Wenn die mit ihrem Mann Zoff hat, kommt sie zum Jammern zu Mama. Oft kommt das aber nicht vor, weil der Mann von der Frau Meier Pilot ist und meist in der Luft arbeitet. Und wenn er wieder auf dem Boden ist, ist er zuerst nett zu ihr und dann ziemlich müde.

Papa muss nicht wohin rennen, wenn es mit Mama Zoff gibt. Über das ist er hinaus.

Männer neigen ja dazu, wenn es öfters kracht, bei einer neuen Frau eine friedlichere Umgebung zu suchen, das ist bekannt. Aber meist kommen sie dann vom Regen in die Traufe. Und für zurück in den Regen ist es dann oft zu spät.

Wahrscheinlich weiß mein Papa das alles schon und fängt gar nicht erst mit Suchen an. Genügend erlebt mit Mama hat er ja. Der braucht keine neuen Herausforderungen.

Ach ja, und dann gibt es noch diese lustigen Patchworkfamilien. Die sind vielleicht komisch. Mein Onkel Poldi nennt sie immer Fleckerlteppichfamilien. Weil die so bunt zusammengeflickt sind wie früher die Flickenteppiche von den Bauern.

Von den Patchworkies ist ein Mädchen bei uns in der Klasse, die Eva. Die hat zwei Brüder. Als ihre Eltern sich getrennt haben, hat ihre Mama einen Mann geheiratet, der keine Frau mehr hatte, aber vier Kinder, alles Jungs. Zusammen mit den dreien von Evas Mama waren es also sieben. Und jetzt soll noch ein Kind dazukommen, dann sind sie zusammen acht. Wenn die mit dem Zug fahren, brauchen sie ein zweites Abteil. Und statt einem Auto einen Bus.

Also, für mich wäre das nichts. Sechs Brüder, der reine Wahnsinn! Da würde ich sofort auswandern. Nach Australien oder so wohin. Aber was soll ich in Australien? Da brennt es ja ständig.

Ich habe gelesen, dass die Normalfamilie aus Vater, Mutter und einem Kind besteht, höchstens aus zwei.

Wenn das stimmt, sind wir keine Normalfamilie, weil wir nämlich drei Kinder sind. Und drei Kinder sind nicht sehr häufig, eher sogar selten.

Eine Familie mit drei Kindern ist heute schon eine Großfamilie. So ähnlich wie es sie früher auf dem Land gab. Mit sieben oder acht Kindern, und da kamen noch die Kühe und die Hühner dazu.

Warum drei Kinder in der Familie nicht so beliebt sind, weiß ich auch nicht. Vielleicht, weil zwei Kinder praktischer sind als drei. Aus organisatorischen Gründen, glaube ich.

Zwei Kinder passen in ein Doppelzimmer und auf die Rücksitze im Auto und können sich auch im Bad gemeinsam die Zähne putzen. Bei dreien ist das alles viel schwieriger, wenn nicht sogar unmöglich.

Aber auch wenn wir nur zu zweit wären. Mit meinem Bruder Alex würde ich ja nie gemeinsam Zähne putzen. Das wäre das Letzte, was ich tun würde.

Fast wären wir sogar gar keine Familie geworden. Weil Mama nämlich lange nicht gewusst hat, ob sie Papa heiraten soll oder doch lieber einen anderen Mann. Das weiß ich von Onkel Poldi, der ist Mamas Bruder. Und der weiß alles über sie und erzählt es mir auch. Das ist sehr praktisch für mich. Für Mama ist es nicht so praktisch.

Aber als sich dann mein Bruder Alexander ganz überraschend bei Mama bemerkbar gemacht hat, hat sie das mit Papa sofort gewusst, erzählt Onkel Poldi.

Klar, dass sie Papa dann gleich heiraten wollte, sonst wäre Alex ja eine Halbwaise geworden. Und ich hätte jetzt eine Halbwaise zum Bruder. Also, das wäre echt schlimm. Mir reicht es schon, dass er mein richtiger Bruder ist.

Einen anderen Mann zum Heiraten hätte Mama in so einer Notsituation bestimmt nicht so schnell gefunden. Vielleicht sogar nie. Damals gab es ja noch nicht das Internet und diese praktischen Suchmaschinen, wo man schnell mal Ersatz finden kann. In meiner Klasse ist ein Mädchen, die Carmen, die hat so einen gegoogelten Vater.

Weil ich zwei Brüder habe, einen älteren und einen jüngeren, bin ich ein Mittelkind. Leider, leider! Bei drei Kindern ist man als Mittelkind nämlich immer der Blöde.

Alex sagt immer, ich wäre ein Sandwichkind.

Der Schinken zwischen zwei halben Brötchen. Sagt Alex, aber der ist ja auch so was von einem Blödmann!

In einem von Mamas Ratgeberbüchern habe ich gelesen, dass Mittelkinder mit ihren Geschwistern um die Aufmerksamkeit der Eltern konkurrieren müssen. Und dass sie oft von der Familie unbemerkt im Hintergrund bleiben.

Als ich das gelesen habe, habe ich zu mir gesagt: Kiki, so weit soll es bei dir nicht kommen.

Es hat zwar einige Kämpfe in der Familie gegeben, aber durch die bin ich jetzt durch. Ich brauche mir keine Sorgen mehr zu machen, dass ich von Mama und Papa nicht genügend Aufmerksamkeit bekomme. Dafür sorge ich schon. Da könnten sich schon eher meine Brüder beklagen, dass sie vernachlässigt werden. Das Beste am Sandwich ist eh der Schinken und nicht das Brötchen, oder?!

Zwei Kinder haben wir in der Klasse, den Florian und die Corinna, bei denen sind die Mütter nicht mehr so ganz jung. Eigentlich sind sie schon ziemlich alt, aber nett alt.

Das sieht man, wenn sie ihre Kinder von der Schule abholen. Da kann man sie dann schon mal mit den Omas von den anderen Kindern verwechseln.

Neulich ist mir das mal passiert mit so einer Mutter. Das war ganz schön peinlich.

Ob die Väter auch nicht mehr ganz jung sind, weiß ich nicht, weil man von denen nie einen sieht.

Die Mütter vom Florian und der Corinna sind ganz anders als normale Mütter. Nicht so gestresst. Und sie haben auch viel mehr Zeit für ihre Kinder, weil sie schon einen Beruf gehabt haben. Und weil sie genügend Geld verdient haben, brauchen sie nicht mehr arbeiten. Deshalb können sie sich jetzt auch viel mehr um ihre Kinder kümmern.

Das finde ich eigentlich ganz gut.

Aber manchmal kümmern sie sich auch ein bisschen zu viel um ihre Kinder. Das finde ich nicht so gut. Und machen an die hin, und hin, und hin. Also, das muss man als Kind aushalten können, dieses ständige Hinmachen an einen. Ich meine nervlich. Da kann man leicht den Vogel kriegen.

Deswegen sind Florian und Corinna auch anders als andere Kinder. Ganz nett, aber irgendwie auch komisch.

Weil ihre Mütter nicht mehr so ganz jung sind, duften sie

dafür immer gut. Mehr als normale Mütter duften. Und sind auch immer sehr schön angezogen. Und jeden Tag anders.

Und Corinna und Florian laufen immer in feinen Sachen rum. Corinna in so niedlichen rosa Kleidchen mit Schleifen und Florian in Samthosen.

So schön wie ihre Mamas duften, duften Corinna und Florian natürlich nicht. Da würden sie ja auch in der Schule ausgelacht werden. Dafür haben sie viel mehr Taschengeld als wir. Und ein iPhone von Apfel.

Also, für mich ist das Wichtigste an einer Familie, dass es Mutter *und* Vater gibt. Es gibt auch Mütter, die glauben, dass ein Kind nur eine Mutter braucht, keinen Vater, weil der sowieso nur stört.

Ich finde das nicht. Einen Vater haben ist wichtig. Und schön ist es auch. Ich weiß das, weil ich ja auch einen habe. Und die Kinder in meiner Klasse, die keinen haben, wünschen sich alle einen. Sehr sogar!

Also, meine Familie finde ich ziemlich okay. Und eine andere möchte ich auch gar nicht haben.

Ich habe einen echten Vater und eine echte Mutter, auch wenn Mama manchmal ein bisschen verrückt ist und Papa nicht so oft zu Hause sein kann, weil er so viel arbeiten muss.

Das macht aber nichts. Besser, ein bisschen verrückt und nicht so oft zu Hause, als gar nicht vorhanden.

Aber vielleicht gibt es das ja auch gar nicht, so was wie eine normale Familie.

Weil ja die Eltern nicht alle gleich sind und die Kinder auch nicht.

Vielleicht ist eine Familie dann eine normale Familie, wenn alle sich mögen.

Und nett zueinander sind.

Und die Kinder jemand haben, der sie liebhat und der sich um sie kümmert.

Ja, vielleicht ist das eine normale Familie, wenn sie so ist.

Viertes Kapitel

in dem mich schon mal interessieren würde, ob das überhaupt
stimmt, was die Erwachsenen einem
so alles erzählen. Vor allem die
Eltern und die Lehrer. Und ob man
denen einfach alles glauben soll.

Kinder sind klein und dumm, sagt man. Und Erwachsene groß und gescheit. Dass die Kinder
noch nicht so gescheit sind wie die Erwachsenen, stimmt.

Aber immer auch nicht.

Solange wir Kinder noch Kinder sind, bleibt
uns nichts anderes übrig, als brav und gehorsam
zu sein. Und alles zu glauben, was die Erwachsenen wollen, dass wir glauben sollen.

Später kommen die Kinder dann darauf, dass
das gar nicht immer alles stimmt, was die Erwachsenen ihnen so verklickern. Die einen früher, die anderen später.

Wenn die Kinder dann größer und gescheiter sind, tun sie natürlich nicht mehr alles, was die Erwachsenen wollen, dass sie tun sollen. Und sie glauben den Erwachsenen auch nicht mehr alles.

Das ist dann der Moment, wo die Erwachsenen finden, dass die Kinder schwierig werden.

»Ich weiß gar nicht, was mit meiner Kiki los ist«, sagt Mama dann immer zu anderen Müttern, »Kiki wird so schwierig.«

Und andere Mütter sagen so was auch und jammern, wie schwierig ihre Kinder geworden sind.

Dabei sind wir einfach nur größer geworden und werden selbständiger. Und lassen nicht mehr alles mit uns machen. Und glauben auch nicht mehr alles.

Und das wollen die Erwachsenen doch eigentlich auch, dass wir groß und selbständig werden. Oder sehe ich da was falsch? Aber wenn wir es dann sind, ist es ihnen auch wieder nicht recht. Da sind wir dann schwierig.

Das soll ein Kind verstehen, aber echt!

Nur bei Kindern mit modernen Eltern ist das anders. Da werden die Kinder nicht schwierig, da sind sie hochbegabt.

Leider findet meine Mama mich nicht hochbegabt, sondern nur schwierig. Aber ich habe ja auch keine modernen Eltern, das ist mein Schicksal. Damit muss ich fertig werden. Das ist ja oft so, dass Kinder frühzeitig lernen müssen, mit ihrem Schicksal fertig zu werden.

Meine Mama, die muss als Kind ja so was von schwierig gewesen sein. Das weiß ich von Onkel Poldi, der erzählt mir viel von ihr aus dieser Zeit. Dass niemand es leicht gehabt hat mit ihr. Vor allem ihre Mama nicht. Er als Bruder aber auch nicht. Ein Wunder, dass er überlebt hat.

Also, dass Mama schwierig gewesen ist, glaube ich sofort. Und da hat sich auch wenig geändert bei ihr. Gut, dass ich Mama so lieb habe, das macht es erträglich für mich.

Onkel Poldi hat mir erzählt, dass es eine echte Katastrophe war mit ihr. Den Eltern folgen, Fehlanzeige. Hausaufgaben machen, ein Drama. Von Grenzen einhalten, keine Spur.

Und als Mama neulich wieder einmal zur Frau Meier gesagt hat, dass ich so schwierig bin, da hat es mir echt gereicht und ich habe gesagt: »Du musst gerade reden. Du bist als Kind ja so was von schwierig gewesen. Das weiß ich aus erster Quelle. Von jemand, der ziemlich unter dir gelitten hat, aber noch lebt.«

Als Mama nach Luft geschnappt hat, habe ich

gleich noch eins draufgesetzt und gesagt: »Und außerdem kommen die Kinder immer auf ihre Eltern raus. Die Mädchen meist auf die Mütter. Hätte ich eine andere Mutter, wäre ich auch ein anderes Kind geworden.«

Und dann bin ich gegangen und habe Mama sprachlos mit der Eiermeier zurückgelassen.

Aber nach solchen Szenen bleibe ich immer noch ein bisschen vor der Türe stehen. Man weiß ja nie, ob da nicht noch was kommt, was einen interessieren könnte.

Und da höre ich doch glatt, wie die Eiermeier zu Mama sagt: »Na ja, da hat Kiki schon recht. Meine Mathilde wäre auch ein anderes Kind, wenn ich nicht die Mutter wäre.«

Genau, habe ich gedacht, und bin auf mein Zimmer. Aber den Kindern immer allen möglichen Quatsch verklickern, nur nicht die Wahrheit.

Und wie steht es mit den Lehrern, wie sieht es denn da aus? Muss man denen eigentlich alles glauben, was sie sagen?

Jedes Kind weiß doch, dass Lernen nicht leicht ist. Dass es Zeit braucht, bis man all die Sachen in seinen Kopf hineingekriegt hat, von denen die Lehrer sagen, dass sie wichtig sind. Natürlich glaubt jeder, dass das auch richtig ist, was sie einem in der Schule beibringen, die Lehrer. Dass man die richtigen Sachen lernt und nicht die falschen.

Weil es nämlich ganz schwer ist, die falschen Sachen wieder rauszukriegen aus dem Kopf, wenn sie erst einmal drin sind. Das kann dauern. Bei manchen ein ganzes Leben lang.

Deswegen frage ich mich ja auch immer wieder, ob das auch alles richtig ist, was man in der Schule lernt. Und ob es da nicht auch Sachen gibt, die man lernt, die richtig falsch sind. Und ob die Lehrer das überhaupt merken, wenn sie einem falsche Sachen beibringen.

Und wie recht hatte ich wieder einmal!

Kommt doch neulich mein superschlauer Gymnasiumsbruder Alex aus der Schule und berichtet, dass man ihnen in Bio und Geschichte die Bücher weggenommen hat. Weil da so viele falsche Sachen drinstehen. Und dass die Fehler in den Büchern nicht das Schulministerium gefunden hat, sondern die *Stiftung Warentest.* Weil die nämlich die Bücher geprüft hat.

Mama hat natürlich gewusst, wer die *Stiftung Warentest* ist und dass sie Kühlschränke und Waschmaschinen prüfen, und Sonnencremes und Deostifte. Aber dass sie jetzt auch Schulbücher prüfen, das war ihr neu.

Alex hat erzählt, dass sie in manchen Bio-büchern auf jeder Seite einen Fehler gefunden haben.

»Welche zum Beispiel?«, habe ich gleich ge-fragt, weil in Bio, da kenne ich mich ja aus.

»Dass sich die Uhus von Füchsen ernähren«, hat Alex gesagt.

»So ein Quatsch«, habe ich gesagt, »die fres-sen Mäuse und Vögel, und höchstens mal einen Hasen. Aber niemals Füchse.«

Ich habe natürlich gleich an *meine* Schul-bücher denken müssen, ob in denen nicht auch Fehler stehen. Und habe gedacht: Da lernt man nun wie ein Blöder und weiß nicht, ob das rich-tig ist oder falsch, was man lernt. Und dass einem das noch nicht einmal die Lehrer sagen können, ob es richtig oder falsch ist, was in den Büchern steht. Weil die es nämlich selbst nicht merken. Sonst hätte ja nicht erst die *Stiftung Warentest* kommen müssen.

Aber vielleicht können die auch nichts dafür, die Lehrer. Weil die in der Schule auch schon aus Büchern mit Fehlern gelernt haben.

Das hat mich sehr nachdenklich gemacht.

Nachdem Alex das mit den Fehlern in den Bü-chern erzählt hat, habe ich im Unterricht natür-lich ganz toll aufgepasst. Und mir auch immer überlegt, ob das nun richtig ist oder falsch, was meine Lehrerin sagt.

Und einmal habe ich die Frau Herbst sogar angesprochen und gefragt, ob sie glaubt, dass das richtig ist, was sie gerade gesagt hat.

Natürlich habe ich es total vorsichtig gefragt und sehr höflich. Ich weiß ja, wie empfindlich Lehrer sein können.

Aber statt dass ich gelobt werde, weil ich so aufmerksam bin und mitdenke, hat sie mir wieder einmal einen Strafaufsatz verpasst. Wegen frech und vorlaut sein.

Da habe ich gewusst, dass es richtig war, dass ich das gefragt habe. Weil man nämlich als Kind gerne von den Erwachsenen bestraft wird, nur weil man recht hat. Das können sie nämlich überhaupt nicht leiden, die Erwachsenen, dass Kinder recht haben.

Aber nur über die Fehler in den Büchern jammern hat keinen Sinn. Man muss auch was dagegen tun.

Und das habe ich.

Ich habe alle meine Schulbücher hübsch verpackt und sie an die *Stiftung Warentest* geschickt, damit die auch mal die Bücher von einem Grundschulkind untersuchen. Weil die nämlich auch wissen müssen, die Grundschulkinder, wem sie nun eigentlich glauben sollen, den Lehrern oder den Büchern.

Und ich habe die Warentester gefragt, ob sie nicht so, wie sie die Bücher prüfen, auch gleich noch die Lehrer prüfen könnten. Und habe vorgeschlagen, den Lehrern ein Gütesiegel zu geben. So eines, wie es die Eier von den Freilandhennen kriegen. Damit die Kinder wissen, dass die Lehrer mit Gütesiegel die Lehrer sind, denen man glauben kann.

Für alle Fälle hab ich den Brief mit meinen Vorschlägen auch noch an unsere Zeitung geschickt. Weil Onkel Poldi nämlich gesagt hat, dass, wenn die Zeitungen über etwas berichten, dass dann schneller was geschieht.

Und wie gut, dass ich es getan habe.

Denn schon am nächsten Tag ist viel über mich in der Zeitung gestanden. Und dass ich mit meiner Aktion einen Finger in eine Wunde gelegt habe und in ein Wespennest gestoßen bin.

Also, das mit der Wunde und dem Wespennest ist nicht von mir gewesen. Das haben die von der Zeitung sich ausgedacht. Aber ich fand es ganz schön.

Mama hat es nicht so schön gefunden, aber Papa hat gelacht.

Aber als dann am nächsten Tag in der Zeitung gestanden hat, dass ganze Schulklassen bei ihnen in der Redaktion ihre Schulbücher abgegeben haben, damit die auch von der *Stiftung Warentest* geprüft werden, da hat dann auch Papa nicht mehr gelacht.

Und was habe ich daraus gelernt?

Dass auch die Erwachsenen nicht alles wissen. Und die Lehrer auch nicht.

Und seit ich das weiß, fühle ich mich als Kind richtig gut.

Und als Schulkind nicht mehr so dumm.

Fünftes Kapitel

in dem ich gerne mal wissen möchte,
für wen Regeln und Grenzen eigentlich gelten. Nur für uns Kinder oder
auch für die Erwachsenen.

Also, dass es Regeln geben muss, verstehe ich.

Sonst würde ja jeder tun können, was er will. Und es würde drunter und drüber gehen. Das totale Chaos wäre das, ohne Regeln.

Das weiß ich von uns daheim, wenn wir Kinder Regeln nicht einhalten, zum Beispiel die Aufräumregeln in unseren Zimmern. Da gibt es dann öfters das totale Chaos.

Obwohl das mit dem Aufräumen und der Ordnung von Mama auch übertrieben wird, aber das nur nebenbei.

Unordnung im Kinderzimmer muss manchmal sogar sein, habe ich irgendwo gelesen. Weil die Kinder sonst später im Leben mit der Unordnung der Erwachsenen nicht zurechtkommen.

Also, da sehe ich keine Probleme auf mich zukommen.

Ständig Regeln einhalten ist aber nicht immer ganz leicht, das muss auch mal gesagt werden. Zum Beispiel erst Hausaufgaben machen müssen und dann erst spielen gehen dürfen. Oder erst vom Tisch aufstehen dürfen, wenn alle gegessen haben.

Und manches stimmt auch gar nicht. Zum Beispiel, dass man Spinat essen soll, weil man da groß und stark wird. Und dass man blind wird, wenn man unter der Bettdecke liest. Und total unsinnige Regeln wie Sachen essen müssen, die man nicht mag, sollte es überhaupt nicht geben.

Also, Regeln müssen sein, das verstehe ich. Und dass die Erwachsenen sie machen, verstehe ich auch. Aber dass die Erwachsenen sie machen und nur die Kinder sie einhalten müssen, das verstehe ich nicht.

Und jetzt komme ich zu den Grenzen.

Ja, wie steht es denn mit denen? Werden die denn von den Erwachsenen immer beachtet?

Mamas Lieblingssatz ist ja: Kinder brauchen Grenzen.

Den Satz hat sie aus dem Ratgeberbuch *Kinder brauchen Grenzen*. Und den hat sie schon so oft mit dem Finger gelesen, dass man den Schluss von dem Satz kaum noch lesen kann.

Der ganze Satz heißt nämlich: Kinder brauchen Grenzen, aber Freiheit brauchen sie auch.

Klar brauchen sie die, sonst können sie sich ja gar nicht richtig entwickeln. Sonst verkümmern sie ja! Wie ein Vogel in einem Käfig. Oder wie ein Alpenveilchen, das man nicht gießt.

Also, wenn *ich* so ein Buch schreiben würde, würde der Satz bei mir ganz anders heißen, nämlich: *Auch Erwachsene brauchen Grenzen.*

Klar brauchen sie die! Damit sie auch mal wieder zur Vernunft kommen mit ihren vielen Regeln für Kinder. Denn von denen sind einige richtig blöd. Und müssten eigentlich auch gar nicht sein. Weil sie nämlich bloß von den Erwachsenen erfunden worden sind, damit sie die Kinder besser in den Griff kriegen, dass die nicht alles tun und lassen, was sie wollen.

Obwohl, manchmal stehen auch ganz vernünftige Sachen in diesen Ratgeberbüchern, nur leider werden die vor den Kindern gerne verheimlicht.

Zum Beispiel heißt es da, dass Regeln und Grenzen dem Alter des Kindes angepasst werden müssen.

Richtig!

Die Eltern und die Lehrer aber tun so, als würden wir immer Kindergartenkinder bleiben. Irgendwann müssen sie doch kapieren, dass wir keine Kindergartenkinder mehr sind, sondern älter geworden sind. Und dass es Regeln gibt, die für größere Kinder gar nicht mehr sinnvoll sind.

Aber bring ihnen das mal bei, den Erwachsenen. Von Einsicht keine Spur!

Und dann habe ich da noch etwas ganz Interessantes gelesen. Dass nämlich mit größeren Kindern die Regeln und Grenzen auch gemeinsam aufgestellt werden können.

Also, ich verstehe das so, dass zwischen Kindern und Erwachsenen über Regeln verhandelt werden kann.

Nur so macht es doch Sinn.

Also, mir persönlich kommt das sehr entgegen. Ich weiß ja, wann es sich für Kinder lohnt, mit Müttern zu verhandeln und wann nicht.

Bei meiner Mama hängt der Erfolg sehr vom Zeitpunkt ab. Wenn sie im Stress ist, lässt es sich am besten mit ihr verhandeln, weil sie da am schnellsten weich wird und nachgibt. Das habe ich mir von den Babys abgeguckt. Die setzen ihren Willen nämlich am schnellsten durch, wenn Fremde ihnen beim Brüllen zuschauen. Zum Beispiel im Supermarkt in der Warteschlange vor der Kasse. Eine vernünftige Mutter weiß dann, wie sie mit einer solchen Situation umzugehen hat. Aber ich schweife ab.

Also, Regeln und Grenzen müssen sein, klar. Aber sie müssen für alle gelten, nicht nur für Kinder. Logo!

Denn warum sollen wir Kinder uns richtig verhalten, wenn die Erwachsenen es nicht tun? Und warum werden wir immer für Sachen geschimpft, die die Erwachsenen auch tun?

Die Erwachsenen wollen sich doch immer vorbildlich verhalten. Dabei tun sie das oft überhaupt nicht. Belehren uns immer über dies und das. Sagen immer, was wir tun sollen, tun es selbst aber nicht.

Und das sage nicht nur ich, das sagen alle Kinder.

Und sogar erwiesen ist es, dass Erwachsene sich nicht vorbildlich verhalten. Es gibt nämlich jetzt auch Umfragen, die das bestätigen. Von denen hat mir mein Onkel Poldi erzählt. Und er hat mir berichtet, dass man nicht nur die Erwachsenen befragt hat, sondern endlich auch mal die Kinder. Die sind nämlich ganz anderer Meinung als die Erwachsenen.

Und das ist ziemlich interessant.

In den Befragungen haben die meisten Erwachsenen nämlich behauptet, dass sie sich vor Kindern vorbildlich verhalten. Ha, ha!

HA HA HA HA

Dass sie rücksichtsvoll, höflich und hilfsbereit sind. Ha, ha! Also, wo sie das herhaben, die Erwachsenen, möcht ich gern mal wissen. Das müssen sie im Fernsehen gesehen haben.

Die Kinder nämlich, die man befragt hat, sehen das ganz anders. Die finden Erwachsene überhaupt nicht vorbildlich. Und warum sollte das gelogen sein?

Kinder können doch noch gar nicht richtig lügen, höchstens schwindeln. Jedenfalls nicht so gut lügen, wie die Erwachsenen lügen können.

Kinder sind doch immer ganz ehrlich und sagen alles geradeheraus, was den Erwachsenen ja manchmal peinlich ist. Weil die noch nicht so verknotet sind wie die Großen, ich meine innerlich.

Also, Onkel Poldi hat mir erzählt, dass von vier Kindern drei gesagt haben, dass sie Erwachsene ziemlich rücksichtslos und unhöflich finden. Und dass sie nicht hilfsbereit sind.

Dass sie sich überall vordrängeln, im Supermarkt und an der Kinokasse und in den Öffentlichen. Und dass sie nicht wie die Kinder warten, bis sie dran sind.

Also, das kann ich voll bestätigen.

Ich habe in solchen Situationen ja schon öfters mal zu Erwachsenen was gesagt, da kenne ich nichts. Aber statt dass es denen dann leidtut, höre ich immer: »Sei nicht so frech.« Oder: »Du wirst warten können.« Oder: »Du bist noch jung, du hast noch Zeit.«

Zu anderen Erwachsenen können sie so was ja nicht sagen. Die geben ihnen sonst was. Dafür beschimpfen sie sich dann gegenseitig. Mit Ausdrücken, die wir Kinder ja nicht benützen dürfen.

Also, was ich da schon alles gehört habe. Das kann ich hier gar nicht hinschreiben. Aber gemerkt hab ich sie mir, ihre Schimpfwörter. Und wenn mich ein Erwachsener mal ärgert, dann denk ich mir jetzt immer eines davon. Denken darf man das ja.

Aber nicht nur im Supermarkt oder im Kino drängeln die Erwachsenen, besonders gerne auch in ihren doofen Autos. Dass Drängeln mit dem Auto aber viel gefährlicher ist als Drängeln im Supermarkt, das kapieren Erwachsene wohl nicht. Aber eigentlich sollten sie es kapieren, wo sie doch schon so erwachsen sind.

Aber dann denke ich immer: Na ja, vielleicht sind sie es ja noch nicht ganz.

Und warum es überhaupt Verkehrsschilder gibt und Ampeln und Zebrastreifen, möchte ich

auch gern mal wissen. Verkehrsregeln sind doch auch Regeln. Aber die gelten wohl nur für die Kinder.

Und wenn die Erwachsenen in den 30er-Zonen gerne die Zahlen verwechseln und statt mit 30 mit 80 fahren, dann denke ich immer: Na ja, vielleicht kennen sie die Zahlen noch nicht so gut oder brauchen 'ne Brille.

Und wenn sie bei den Ampeln Rot mit Grün verwechseln, dann denke ich: Na ja, vielleicht können sie gar nichts dafür, weil sie nämlich farbenblind sind. Obwohl, so viele Farbenblinde kann es eigentlich gar nicht geben.

Aber jetzt bin ich selbst mal zur Sache gegangen.

In Mamas Ratgeberbuch *Dein Kind im Straßenverkehr* wird empfohlen, dass Erwachsene andere Erwachsene ansprechen sollen, wenn sie sich vor Kindern an der Ampel falsch verhalten.

Richtig! Nur tut es keiner.

Da habe ich mir überlegt, ob ich es nicht einfach selbst mal tun soll? Hab ich dann auch getan. Habe Erwachsene angesprochen und ihnen gesagt, dass man erst bei Grün über die Straße gehen darf.

Und was ist rausgekommen dabei?

Die einen haben blöd gelacht und »schon recht, mein Kind« gesagt. Andere haben geschimpft und gemeint, ich sei eine freche Göre. Oder haben mir den Vogel gezeigt.

Ich bin so was von sauer gewesen auf die Erwachsenen.

Da hab ich mir dann immer eines von ihren schönen Schimpfwörtern gedacht. Und habe mir gesagt: Kiki, du bist doch nicht blöd und lässt dir das gefallen.

Hab ich auch nicht.

Ich habe mich mit anderen Kindern zusammengetan, und wir haben mit den Erwachsenen das gemacht, was die Polizei mit den Grundschulkindern macht: Verkehrserziehung. Aber nicht auf dem Pausenhof, sondern mitten in der Innenstadt an einer wichtigen Ampel.

Immer wenn ein Erwachsener die Straße bei Rot überquert hat, haben wir ihn auf der anderen Straßenseite mit einem roten Zettel begrüßt. Darauf stand: »Rot ist auch für Erwachsene da«.

Wer aber brav war und erst bei Grün gegangen ist, hat einen grünen Zettel gekriegt. Und darauf stand: »Kinder sagen danke«.

Die Aktion ist ein großer Erfolg gewesen, und man hat sogar in der Zeitung darüber lesen können. Mit einem großen Foto von uns, wie wir den Erwachsenen unsere Zettel geben.

Der Hausmeister unserer Schule, der Herr Kraut, hat dann auch gleich das Foto aus der Zeitung ans Schwarze Brett gepinnt. Dort hat es aber nicht lange gehangen, weil einer der Erwachsenen auf dem Foto ein Lehrer von uns war. Und die Kinder, die man auf dem Foto erkannt hat, mussten zu unserer Rektorin, der Frau Österreich, und sich eine Ansprache anhören. Ich habe auch dazugehört, obwohl das gar nicht nötig gewesen wäre, weil ich ihre Ansprachen alle schon kenne.

Trotzdem hat die Aktion den Kindern großen Spaß gemacht. Richtig genossen haben sie es. Und gestaunt haben sie, dass man auch Erwachsene noch erziehen kann.

Mich hat das natürlich nicht so sehr erstaunt. Ich weiß ja, wie schwer Erziehen ist. Auch bei Kindern. Ich gehöre ja selbst zu denen, die nicht so ganz leicht zu erziehen sind. Aber Erwachsene erziehen, das ist noch viel, viel schwerer.

Wir haben solche Erziehungsaktionen dann auch noch an anderen kritischen Orten durchgeführt, zum Beispiel auf Kinderspielplätzen. Da haben die Erwachsenen dann aber ganz rasch ihre Zigaretten ausgedrückt. Und die wegge-schmissenen Kippen haben sie auch wieder auf-gehoben, aber holla!

Oder an den Altglascontainern. Da haben wir ihnen gezeigt, wie man schön ordentlich die Flaschen trennt.

Denn das gehört doch alles zu den Regeln: dass man auf Kinderspielplätzen nicht raucht. Und dass man die Flaschen ordentlich nach Far-ben trennt, oder nicht?

Ach ja, Höflichkeit. Mit der ist es bei den Er-wachsenen ja auch nicht weit her. Mama hat uns Kindern beigebracht, bitte und danke zu sagen und freundlich zu grüßen. Aber warum, bitte, sollen nur Kinder höflich sein, warum nicht auch Erwachsene?

Und Hilfsbereitschaft ist noch so ein Thema. Da will ich besser gar keine Beispiele nennen.

Also, dass viele Erwachsene unhöflich, rück-sichtslos und überhaupt nicht hilfsbereit sind, das kann man überall beobachten. Und das ha-ben sie auch in der Befragung gesagt, die Kin-der.

Und damit ist es jetzt bewiesen.

Als Onkel Poldi neulich bei uns zum Essen war, hat er sich gleich nach unseren Erziehungs-

Aktionen erkundigt. Ich habe ihm alles erzählt, und er hat sich gebogen vor Lachen.

Mama hat sich nicht gebogen.

Als er sich ausgelacht hatte, hat er zu Mama gemeint, dass die Erwachsenen da ja ganz schön in ihre selbst gebastelten Erziehungsfallen hineingetappt sind.

Und dass sie da nur wieder rauskommen, wenn sie das tun, was die Kinder ihnen vormachen:

Nämlich die von ihnen aufgestellten Regeln auch selbst einhalten.

Sechstes Kapitel

in dem ich über moderne Erziehung nachdenke.

In meiner Schule ist ein Mädchen, die hat moderne Eltern. Deswegen wird sie auch modern erzogen. Das weiß ich von ihr selbst. Und sie weiß es, weil ihre Eltern es ihr gesagt haben.

Wahrscheinlich gibt es bei uns noch mehr Kinder, die von modernen Eltern modern erzogen werden. Aber ich kenne nur die eine.

Das Mädchen heißt Annrike. Sie geht in die 3b, also nicht wie ich in die 3a, und wohnt ganz in der Nähe von uns. Aber noch nicht lange.

Auch Mama weiß, dass Annrike moderne Eltern hat. Weil es ihr nämlich Annrikes Mama selbst erzählt hat, und dass Annrike nach neuesten wissenschaftlichen Methoden erzogen wird.

Ich glaube, Mama hat überlegt, ob so was nicht auch was für mich wäre. Aber als sie Papa dann beim Abendessen von den neuen Methoden erzählt hat, hat er gelacht. Und Niko wollte gleich wissen, nach welchen Methoden wir eigentlich erzogen werden.

»Nach gar keinen«, habe ich gesagt, »wir erziehen uns von selbst.«

Da hat mich Mama angeschaut mit so einem Blick, wie ihn Mütter gerne haben, wenn ihre Kinder wieder mal was Unpassendes gesagt haben.

Mit den Blicken von Müttern kenne ich mich aus, aber holla!

Annrike und ich sind befreundet. Meine beste Freundin ist sie aber nicht, weil sie für die ganz große Freundschaft noch nicht so richtig geeignet ist. Aber normal befreundet mit ihr bin ich schon. Sie hat nämlich keine echten Freundinnen, und das tut mir leid. Deswegen spiele ich auch immer wieder mal mit ihr.

Wenn wir spielen, spielen wir meist drinnen. Draußen spielen mit ihr macht keinen Spaß, weil sie immer so aufpassen muss, wegen den Bakterien im Schmutz.

Und wegen den Bakterien muss ich mir auch immer bei Annrike zu Hause die Hände waschen, bevor ich was anfassen darf. Auf dem Klo mit einer antibakteriellen Seife, die ziemlich stinkt.

Annrikes Spielsachen sind alle aus antiallergischem Latschenholz. Deswegen kommen sie auch nicht aus China, sondern aus der Schweiz. Dass sie antiallergisch sind, kann man aber nicht sehen. Deswegen ist es draufgestempelt.

Sehr oft zusammen spielen können wir nicht, weil Annrike in der Freizeit so viele Kurse in der Kinder-Uni hat. Und neben Ballett auch noch Geige und Meditation. Und im Früh-Englisch ist sie auch. Schwimmen kann sie aber noch nicht. Sollte sie aber können, denn bei Ertrinken hilft ihr Meditation gar nichts. Das weiß ich, weil ich in einem Rettungs-schwimmerkurs bin.

Also, was die Kinder-Uni mit Freizeit zu tun hat, möchte ich gern mal wissen. Aber was verstehen moderne Eltern schon von Freizeit! Da verstehen ja noch nicht einmal die normalen Eltern was davon.

Als ich zum ersten Mal bei ihr daheim war, hat Annrike zu ihrer Mama gesagt: »Susi, das ist meine neue Freundin Kiki.«

Ich habe Bauklötzchen gestaunt, als Annrike das gesagt hat. Ich habe sie gefragt, warum sie zu ihrer Mutter Susi sagt und nicht Mama?

Sie hat gesagt, dass moderne Eltern das to-tal altmodisch finden, wenn die Kinder zu ihren

Eltern Mama und Papa sagen. Sie wollen, dass die Kinder sie mit ihren richtigen Namen anreden.

Dann habe ich ja keine modernen Eltern, habe ich gedacht, denn meine wollen noch, dass wir Mama und Papa sagen.

Eigentlich heißt die Mama von Annrike gar nicht Susi, sondern Susanne. Susi wird sie nur genannt, wenn bei ihnen zu Hause die Stimmung gut ist. Wenn sie nicht so gut ist, wird sie Susanne genannt.

Mit dem Papa ist es das Gleiche: Bei guter Stimmung nennt Annrike ihn Fredi, wenn es Zoff gibt, Alfred. Aber meist nennt sie ihn Fredi, weil Susi und Fredi selten miteinander streiten. Moderne Eltern streiten nämlich nicht, die diskutieren.

Auch das ist bei uns anders.

Obwohl, ich persönlich würde ja schon gerne mit Mama diskutieren wollen, aber sie will das immer nicht. Sie meint, dass das Diskutieren bei mir bloß in Verhandeln ausartet.

Natürlich habe ich von Annrike wissen wollen, warum es denn altmodisch ist, Mama und Papa zu sagen.

Weil die Kinder von modernen Eltern, hat sie mir erklärt, keine Kinder sind, sondern Partner.

Da habe ich gleich überlegt, ob ich das mit

dem Partner Mama mal vorschlagen soll, aber dann habe ich gedacht, besser nicht. Solche Vorschläge kommen bei ihr meist gar nicht gut an. Ich kenne sie ja. Sie macht auf solche Vorschläge von mir immer so unpassende Bemerkungen, manchmal richtig peinliche.

Annrike hat nicht nur antiallergische Spielsachen, sie hat auch viele Spiele. Aber das sind keine normalen Spiele, sondern Kreativspiele. Die sind total langweilig. Ihre Mama hat mir erklärt, dass Kinder nur durch das Spielen mit antiallergischen Spielsachen gesund bleiben. Und nur mit Kreativspielen kreativ werden.

Damit für Annrike der antiallergische Kreativquatsch endlich mal aufhört und wir auch einmal ganz normal spielen können, habe ich mir was ausgedacht. Das hat auch super geklappt.

Ich habe Annrikes Mama angerufen und habe ihr gesagt, dass ich von dem Spielen mit Annrikes antiallergischem Spielzeug einen schlimmen Hautausschlag bekommen habe, wahrscheinlich ansteckend. Und dass ich nicht in die Schule darf. Und dass unser Kinderarzt ein sehr bedenkliches Gesicht gemacht hat. Und gefragt hat, ob auch andere Kinder mit dem Spielzeug gespielt haben.

Annrikes Mutter hat natürlich gleich bei Mama

angerufen und sich wegen meinem schlimmen Ausschlag entschuldigt.

Das fand ich okay.

Und dass es ihr schrecklich leidtut, dass ich wegen der Ansteckungsgefahr nicht in die Schule kann und womöglich was versäume.

Als ob man da so viel versäumen könnte, habe ich gedacht, aber das nur nebenbei.

Natürlich hat Mama erst einmal nur Bahnhof verstanden, aber dann hat sie superschnell geschaltet. Na ja, sie kennt mich eben.

Nach dem Telefongespräch hat Mama mich ziemlich streng angeschaut, und ich dachte schon, jetzt gibt's was. Aber dann hat sie doch gelacht und gesagt: »Aber länger als einen Tag bleibst du mir nicht daheim. Man sieht von dem Ausschlag ja schon gar nichts mehr.«

Da habe ich gedacht, dass es manchmal doch ganz gut ist, wenn Mütter ihre Kinder so gut kennen. Auch wenn es keine modernen Mütter sind.

Aber als sie mir abends dann keinen Gutenachtkuss geben wollte, wegen der Ansteckungsgefahr, da habe ich gedacht: Ganz schön nachtragend können sie aber auch sein, die Mütter.

Seit meinem Ausschlag hat Annrike kein antiallergisches Spielzeug mehr. Und sie ist jetzt auch öfters bei mir zu Hause. Und dauernd Hände waschen braucht sie bei uns auch nicht. Und wir spielen auch mehr draußen und sehr gerne im Dreck. Unser Kinderarzt hat nämlich gesagt, dass Kinder viel im Dreck spielen sollen, da bleiben sie gesund.

Dass das stimmt, sieht man an mir. Ich bin nämlich fast nie krank. Nur die Schule macht mich oft krank. Das kommt aber nicht von Bakterien, das ist mehr seelisch. Schule kann Kinder nämlich noch mehr krank machen als Bakterien.

Mama findet Annrike sehr nett und hat zu ihr gesagt, dass sie immer gerne kommen darf.

Das hat sie nur gesagt, weil Annrike so gut in der Schule ist und so ruhig, also anders als ich. Ich bin ja eher ein lebhafter Typ. Und Schule gehört nicht zu meinen Hauptinteressen.

Natürlich hofft Mama, dass Annrike einen guten Einfluss auf mich hat und abfärbt auf mich. Aber da kann sie lange warten. Da färbe schon eher ich auf Annrike ab.

Aus Annrike soll natürlich mal was richtig Tolles werden. Das wollen ihre Eltern so.

Ihr Papa hat mich neulich gefragt, ob meine Eltern auch wollen, dass aus mir einmal etwas Tolles wird. So wie mit Annrike.

Ich habe »Ja, klar« gesagt.

»Und was?«, hat er wissen wollen.

Ich habe gedacht, was geht den denn das an, was ich einmal werden will, und da habe ich »Schönheitskönigin« gesagt.

Da ist er gleich in die Küche, der Alfred, und hat mit der Susanne gesprochen.

Ich habe gehört, wie er zu ihr gesagt hat: »Ich weiß nicht, ob dieses Mädchen wirklich ein Umgang für unsere Annrike ist.«

Seine Frau hat gesagt: »Vergiss nicht, dass ihr Vater der Direktor vom Theater ist. Und dass wir ein Abo dort haben.«

Weil aus Annrike einmal etwas Tolles werden soll, ist natürlich nicht nur ihre Freizeit total vernünftig durchgeplant. Sie wird auch total vernünftig ernährt. Nach neuesten wissenschaftlichen Erkenntnissen: Vollkost, Tofu und Sojamilch. Und so sieht sie auch aus.

Annrike kann leider nichts dagegen tun. Nur hoffen, sagt Mama, dass sich die wissenschaftlichen Erkenntnisse rasch mal wieder ändern.

Eigentlich hätte Annrike Offizier werden sollen, wie ihr Papa. Das mit dem Offizier ging aber in die Hose, weil sie ein Mädchen geworden ist. Jetzt soll sie Physikerin werden, weil sie so gut in Mathe ist.

So wie in Annrikes Familie ist das ja in vielen Familien. Da wissen die Eltern schon bei der Geburt, was ihr Kind werden soll. Und erzählen allen ganz stolz, was ihr Kind einmal wird.

Vielleicht sollten sie zuerst mal das Baby fragen, denk ich mal. Vielleicht will das Baby ja was ganz anderes werden. Aber, echt!

Annrike will gar nicht Physikerin werden. Und den Nobelpreis will sie auch nicht kriegen, den wollen nur ihre Eltern.

Annrike will Kindergärtnerin werden, weil sie Kinder so gerne hat. Und weil sie weiß, was Kinder brauchen. Nämlich all das, was sie gerne hätte, aber nicht hat.

Und ich weiß, dass ich schon habe, was ich brauche: nämlich stinknormale Eltern. Und moderne wünsche ich mir auch nicht.

Natürlich habe ich überlegt, ob diese moderne Erziehung nach den neuesten wissenschaftlichen Methoden nicht auch was für Mama und Papa wäre.

So Sachen wie Ballett und Geige sind wahrscheinlich nichts für sie, aber Yoga und Meditation schon.

Vor allem Yoga.

Das beruhigt.

Und bringt Sauerstoff ins Gehirn.

Vielleicht auch vernünftige Gedanken über Kinder.

Und von denen können Eltern gar nicht genug kriegen.

Siebtes Kapitel

in dem ich verrate, warum so
viele Erwachsene gerne an die Zeit
zurückdenken, wo sie noch Kinder
waren, es aber nie zugeben wollen.

Die Erwachsenen erzählen ja gerne von früher. Wie gut früher alles war und wie schön. Viel schöner als heute. Und wie brav und fleißig die Kinder damals waren, viel braver und viel fleißiger als wir heute. Wie brave Engelein und fleißige Bienchen.

Ich habe ja schon lange meine Zweifel, ob das wirklich alles so toll war damals, und wollte der Sache immer schon mal nachgehen. Vor allem das mit Mama. Weil mich das nämlich tierisch nervt, ihr Gerede von den tollen Kindern, die sie waren. Die immer getan haben, was die Erwachsenen gesagt haben. Und Respekt vor ihnen hatten.

Und neulich war dann endlich Gelegenheit,

der Wahrheit auf die Spur zu kommen. Das sagt unsere Rektorin immer, die Frau Österreich, wenn wieder einmal was passiert ist und niemand es gewesen sein will.

Mama hat unseren Kinderarzt, den Doktor Wohlgemut, zum Sonntagsbrunch eingeladen gehabt. Sie hat gemeint, dass man für den mal was Nettes tun muss, wo sie doch mit uns Kindern Dauerpatient bei ihm ist.

Das ist wieder eine dieser typischen Mütter-übertreibungen von ihr. Als wenn Niko was dafür könnte, wenn er vom Baum fällt und ich die Windpocken kriege.

Dass ich oft bei ihm bin, stimmt schon. Aber nicht wegen Kinderkrankheiten oder so was. Ich bin aus ganz anderem Grund so oft bei ihm, aber davon weiß Mama gar nichts. Weil ich mich da nämlich über Kinderprobleme mit ihm austausche. Und mit ihm über mein Buch spreche, das findet er nämlich sehr interessant, was ich über Erwachsene zu sagen habe.

Und weil er es so gut findet, was ich sage, vor allem über die Eltern, hat er mich die Eltern-Versteherin genannt. Das ist so was Ähnliches wie Pferde-Flüsterin.

Papa und Onkel Poldi waren auch dabei, bei dem Brunch.

Unser Kinderarzt ist schon ziemlich alt, aber noch gesund. Er war der Älteste beim Brunch, hat sich aber trotzdem noch ganz genau an seine Kindheit erinnert. Und an die von Mama und Onkel Poldi auch.

Er hat uns vieles Interessante aus der damaligen Zeit erzählt und dass so vieles anders war als heute.

Mama hat natürlich zu allem ihren Kommentar abgeben müssen. Das war echt peinlich.

Wir haben uns nur Blicke zugeworfen, der Doktor Wohlgemut und ich. Sagen brauchten wir nichts.

Als Mama kurz mal in der Küche war, habe ich schnell den Doktor Wohlgemut gefragt, ob Mama wirklich so ein Engel gewesen ist, wie sie immer tut.

Er hat schmunzeln müssen, aber gesagt hat er nichts. Wahrscheinlich Arztgeheimnis.

Onkel Poldi hat auch nichts gesagt, dafür hat er uns die Narbe unter seinem Haar gezeigt. Die war zwölf Zentimeter lang, und sie war von ihr.

Ich habe Näheres über die Narbe wissen wollen, aber da ist Mama hereingekommen, und da ging das dann nicht. Aber mitbekommen hat sie es, dass er sie uns gezeigt hat.

»Das ist doch nur passiert«, hat sie sich verteidigt, »weil mir der Stuhl ausgekommen ist. Aus Versehen. Ich war eben ein bisschen wild damals.« Damals!

»So wild wie Kiki?«, hat Niko gleich wissen wollen.

Doktor Wohlgemut hat wieder nichts gesagt, mir nur einen Blick zugeworfen. Der hat mir alles gesagt.

Und weil er nichts gesagt hat, hat Mama gesagt: »Wir waren eben lebendig, wie Kinder nun mal sind. Aber wir haben unsere Grenzen gekannt. Und Sachen der Mutter auf dem Flohmarkt zu verkaufen«, hat sie noch gesagt, und mich dabei angesehen mit so einem stechenden Blick, »das wäre einem Kind früher auch nicht eingefallen.«

»Das waren aber alles Sachen«, habe ich unserem Doktor erklärt, »die sie schon ein paar Wochen lang nicht mehr benützt hat.«

Es war so was von peinlich, dass sie davon wieder anfangen musste.

»Und heimlich Fernsehen gucken«, wollte Niko wissen, »haben das die Kinder damals getan?«

»Natürlich nicht«, habe ich ihm erklärt, »weil es Fernsehen damals noch gar nicht gab.«

»Dafür sind wir heimlich ins Kino«, hat Onkel

Poldi ganz locker erzählt, »und haben zu Hause gesagt, dass wir bei Freunden Hausaufgaben gemacht haben.«

»Ach, noch so ein Märchen«, hat Mama gesagt und ihn dabei ganz scharf angesehen. »Leider hat mein lieber Bruder ein Gedächtnis wie ein Sieb. Da fällt alles durch, woran er nicht gerne erinnert wird. Vor allem die verbotenen Sachen, die *er* getan hat. Und von denen er immer glaubt, dass *ich* sie getan habe.«

»Ja, haben denn die Kinder damals verbotene Sachen getan?«, hat Niko ganz unschuldig gefragt.

Das war natürlich super, dass er das gefragt hat. Ja, er hat schon viel gelernt von mir.

Da hat es Mama dann endgültig gereicht, und sie ist wortlos in die Küche.

Als sie dann mit den Spiegeleiern zurückgekommen ist und sie auf Nikos Teller geben wollte, habe ich sie gefragt, wie *sie* denn so als Kind gewesen ist. Ich wüsste das gerne, weil ich sie mir zum Vorbild nehmen möchte, damit ich nichts mehr falsch mache.

Da sind ihr vor Schreck die Spiegeleier von der Pfanne gerutscht. Und Niko hat geheult und gebrüllt, dass er sich Spiegeleier gewünscht hat und nicht Rührei. Und dass den Kindern heute nie ihre Wünsche erfüllt werden. Und dass er viel lieber früher gelebt hätte, wo alles viel schöner war. Und wo auch die Eltern viel netter gewesen sind zu den Kindern.

Das hatte ich ihm gesagt, dass er so was mal ins Familiengespräch einbringen soll bei passender Gelegenheit.

Mama ist daraufhin wieder in der Küche verschwunden, um neue Spiegeleier zu machen, und Papa hat rasch noch mal ins Theater gemusst, um nach dem Rechten zu sehen. Aber er muss meist rasch noch mal ins Theater, wenn die Situation zu Hause in die kritische Phase kommt.

Als beide dann draußen waren, hat unser Kinderarzt erzählt, wie schön es damals war, als er noch ein Kind war. Dass die Kinder viel mehr Freiheiten hatten und viel mehr freie Zeit als die Kinder heute. Dass sie oft den ganzen Nachmittag weg waren und niemand gewusst hat, wo sie überhaupt stecken. Aber dass sie auch niemand gesucht hat. Und dass sie abends nur gesagt haben, dass sie mit den Müller-Kindern unterwegs waren oder dass sie spielen waren. Das hat genügt. Und die Eltern haben auch nicht näher gefragt, weil sie wussten, dass Kinder auch ihre Geheimnisse haben müssen.

»Und wir hatten Banden und haben Banden-

kämpfe ausgetragen«, hat sich Onkel Poldi erinnert, »und haben geheime Lager für die Beute
angelegt. Und jedes Kind hat für seine geheimen
Schätze ein Versteck gehabt, das nur der beste
Freund oder die beste Freundin gekannt hat.«

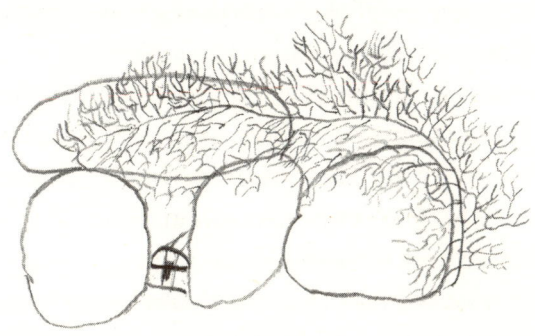

Niko hat wissen wollen, ob immer die Jungs
für sich und die Mädchen für sich gespielt haben.

Und Onkel Poldi hat ja gesagt und dass sie die
Mädchen beim Indianerspielen nur als Gefange-
ne für den Marterpfahl gebraucht hätten.

Alex hat blöd gelacht und gesagt: »Das wäre
auch für unsere Kiki was gewesen.«

Der ist so was von einem Blödmann, der Alex.
Aber ich reg mich schon gar nicht mehr auf über
den. Der geht ja auch ins Gymnasium, und da
werden sie alle wirr im Kopf mit der Zeit.

Irgendwann ist Mama dann wieder erschienen

mit neuen Spiegeleiern. Und sogar Waffeln hat sie gemacht gehabt. Und sie war auch wieder ziemlich nett. Fast schon anormal nett. Wenn Mütter so nett sind, bin ich ja immer etwas misstrauisch.

»Ja, wisst ihr«, hat sie ganz versöhnlich gesagt, »vielleicht waren wir als Kinder gar nicht so anders, als ihr heute seid. Ich glaube, die *Eltern* waren anders. Die haben uns Kindern unsere Geheimnisse gelassen und uns nicht immerzu überwacht. Haben uns noch vertraut und uns unsere Freiheiten gelassen.«

»Ja, das stimmt«, hat unser Kinderarzt gesagt und dabei ganz nachdenklich mit dem Kopf genickt. »Vielleicht, weil sie gewusst oder auch nur geahnt haben, dass aus eingesperrten Kindern auch einmal eingesperrte Erwachsene werden.«

Achtes Kapitel

in dem ich mich frage, warum
Mütter nicht ganz normale Frauen
bleiben können, wenn sie Mütter
sind. Und warum Väter meist
normale Männer bleiben.

Über die Mütter mache ich mir ja schon lange so
meine Gedanken.

Nicht nur über Mama, über andere Mütter
schon auch. Ich habe ja Einblick in viele Familien. Also, was man da so alles erleben kann,
aber echt!

Wo ich mich auch umhöre, überall das Gleiche. Überall die gleichen Probleme der Kinder
mit den Müttern.

Wahrscheinlich, weil alle Mütter gleich sind.
Nicht wirklich gleich, aber irgendwie schon.

Keine Ahnung, warum das so ist.

Frauen im Allgemeinen sind ja nicht alle gleich,
nur die Mütter. Vermute mal, weil, wenn die

Frauen Mütter werden, sie keine normalen Frauen mehr sind. Normal vielleicht schon, aber anders normal.

Ob man in der Früh nicht aus dem Bett kommt, sich zu spät auf den Schulweg macht oder für die Schule was vergisst. Ob man das Zimmer nicht aufräumt oder lieber spielen geht statt Hausaufgaben machen. Immer regen sich die Mütter auf.

Ganz anders die Väter.

Die regen sich über solche Sachen überhaupt nicht auf. Und wenn sie sich aufregen, dann nur, weil die Mütter wollen, dass sie sich auch mal aufregen.

Da tun sie es dann.

Aber man merkt ihnen gleich an, dass sie es nicht gerne tun. Dass es ihnen irgendwie peinlich ist vor den Kindern.

Sonst bleiben sie völlig cool, die Väter. Die unaufgeräumten Zimmer und die schlampig gemachten Hausaufgaben jucken sie überhaupt nicht. Da stehen sie völlig drüber. Da bleiben sie total vernünftig.

Wahrscheinlich sagen sie sich, dass es für unaufgeräumte Zimmer und schlampig gemachte Hausaufgaben genügt, wenn einer in der Familie sich aufregt. Und überhaupt, dass es auch nicht ihre Aufgabe ist, sich aufzuregen, sondern die von den Müttern.

Dafür bringen sich die Väter dann bei den richtig wichtigen Dingen ein. Bei der Urlaubsplanung zum Beispiel. Oder wenn ein neues Auto angeschafft werden muss.

Aber auch bei den Zeugnissen sagen sie was, wenn die nämlich nicht so ausgefallen sind, wie sie sich das eigentlich vorgestellt haben. Da kann es dann schon mal sein, dass sie die Mütter fragen, ob sie sich denn auch wirklich immer um die Hausaufgaben der Kinder gekümmert haben.

Also, dass die Frauen ganz anders sind, wenn sie noch keine Mütter sind, das kann man immer wieder hören.

Mich persönlich hätte es ja echt interessiert, wie Mama war, bevor sie meine Mama geworden ist. Leider habe ich sie da noch nicht gekannt.

Ich habe das Mütterproblem auch mit anderen Kindern besprochen, überall das Gleiche.

Nur in der Familie vom Kevin aus meiner Klasse, da ist es genau umgekehrt. Da ist die Mutter normal und der Vater nicht mehr so ganz. Aber bei denen muss auch der Vater die Mutter machen, und die Mutter geht ins Büro.

Also, warum die Frauen nicht normal bleiben, wenn sie Mütter werden, möchte ich schon gerne mal wissen.

Neulich habe ich mich darüber mal mit meinen Brüdern austauschen wollen. Aber das hat gar nichts gebracht. Die haben bloß ihre blöden Bemerkungen gemacht. Und Alex, das Ekel, hat gesagt, dass, wenn Mama schon vor meiner Geburt gewusst hätte, wie ich einmal werde, er niemals eine Schwester bekommen hätte.

Einfach gemein ist das, so was zu seiner eigenen Schwester zu sagen.

Ich habe dann Mamas beste Freundin, die Frau Knesebeck, gefragt. Die hat früher Leute beraten, die Rat gebraucht haben. Aber als sich dann niemand mehr von ihr beraten lassen wollte, hat sie was Neues angefangen: einen Partyservice für Familienfeiern. Und Mama hilft ihr manchmal dabei.

Also, die Frau Knesebeck hat gemeint, dass, wenn die Frauen nicht normal bleiben, wenn sie Mütter werden, dass daran die Männer schuld sind. Weil die Männer, hat sie gesagt, nur zum Vater*werden* geeignet sind, aber nicht zum Vater*sein*.

Das hat mich aber auch nicht weitergebracht, nur verwirrt. Aber vielleicht habe ich auch nicht ganz verstanden, was sie gemeint hat. War ja auch blöd, dass ich sie gefragt habe, wo sie doch gar keine Kinder hat. Und was weiß eine normale Frau schon vom Müttermysterium? Nichts!

Ich habe dann das Thema mit meinem Onkel Poldi besprochen. Der versteht sehr viel von Frauen. Deshalb ist er auch nicht verheiratet.

Natürlich versteht er mehr was von normalen Frauen als von Müttern, weil die Frauen vom Onkel Poldi alle noch keine Mütter sind. Obwohl, wenn die Frauen länger mit ihm zusammen sind, dann sind auch sie nicht mehr normal. Aber das kann auch an ihm liegen. Er kann nämlich ganz schön verrückt sein, auch wenn er eigentlich ganz normal ist.

Ich bin das Mütterthema ganz offen bei ihm angegangen.

Zuerst hat er so rumgedruckst und hat gar nicht mit mir darüber reden wollen. Und hat gemeint, dass ich noch zu jung bin für solche Diskussionen.

Da habe ich ihm aber ganz schnell klargemacht, dass man mit beinahe zehn kein Kind mehr ist. Ich meine, als Mädchen. Die Jungs brauchen ja länger, das ist bekannt.

Da hat er dann doch mit mir darüber gesprochen.

Er hat mir das Ganze an einem Beispiel aus dem Tierreich erklärt.

Also, das war eigentlich nicht das, was ich mir vorgestellt habe. Aber es war okay, ich kann mich ja ins Tierreich hineindenken.

Und als Single kann er auch nicht wissen, was Kinder schon im frühesten Kindesalter vom Fernsehen alles lernen. Mehr als von der Schule, aber holla!

Früher haben ja die Lehrer solche Sachen immer am Beispiel von Bienen und Blumen erklärt. Aber weil sie nie bis zu den Bienenkindern gekommen sind, immer nur bis zum Honig, erklären sie jetzt gar nichts mehr.

Onkel Poldi, also, hat mir erzählt, dass bei den Wespenspinnen das Männchen nur so lange für das Weibchen interessant ist, bis es kleine Spinnen erwartet. Danach nicht mehr. Und dass, wenn das Wespenspinnenmännchen dann nicht schleunigst seine Wespenspinnenfüße unter die Arme nimmt und abhaut, es von dem Wespenspinnenweibchen totgebissen wird und aufgefressen.

»So wird«, hat Onkel Poldi gesagt, »bei den Wespenspinnen aus einer normalen Wespenspinnenfrau eine nicht mehr ganz normale Wespenspinnenmutter.«

»Wieso?«, habe ich gefragt, weil ich es nicht gleich verstanden habe.

»Na hör mal!«, hat Onkel Poldi gesagt, »findest du es etwa normal, einen Mann einfach totzubeißen und auch noch zu verspeisen, nur weil er Vater geworden ist?«

Stimmt, habe ich gedacht, das ist nicht normal.

»Und weil die Wespenspinnenmänner nicht blöde sind und sich auffressen lassen«, hat Onkel Poldi noch gesagt, »überlassen sie die Kinder lieber den Wespenspinnenmüttern, hauen ab und sagen sich: lieber ohne Kinder normal bleiben als mit Kindern tot oder verrückt werden. Auch wenn sie danach bei den Wespenspinnenmüttern nicht mehr viel zu sagen haben.«

So also ist das, habe ich gedacht. Die Väter bleiben normal, weil sie den Müttern die Kinder überlassen.

Ganz schön clever, wie die Natur das eingerichtet hat.

Und nun ist mir natürlich auch klar, warum die Väter bei den Kinderproblemen nicht immer gleich ausrasten und normal bleiben.

Weil es nämlich die Natur so eingerichtet hat.

Und gut, dass sie es so eingerichtet hat. Weil, wenn die Väter was zu sagen hätten, die gar nicht mehr am Leben wären.

Also lieber, möchte ich mal sagen, einen Vater, der daheim nichts zu sagen hat und noch lebt, als einen toten Vater, der was zu sagen hat.

Neuntes Kapitel

in dem ich frage, ob hyperaktive
Kinder wirklich so schlimm sind.
Und ob alle Medizin kriegen müssen.

Mein bester Freund in der Schule, der Timo, ist
hyperaktiv. Behauptet unsere Lehrerin, die Frau
Herbst. Eigentlich ist Timo nur lebhaft. Aber lebhaft sagt man nicht mehr, man sagt jetzt hyperaktiv.

Ich bin ja auch hyper, wenn ich mal so sagen
darf. Aber wenn ich hyper bin, merkt das die
Frau Herbst nicht so. Das ist, weil ich hinter dem
Timo sitze und da immer er zuerst auffällt. Und
außerdem ist hyper bei Mädchen anders als hyper bei Jungs. Angenehmer, aber das nur nebenbei.

Warum sich über hyperaktive Kinder alle so
aufregen, verstehe ich ja überhaupt nicht. Leb-
hafte Kinder sind doch was Tolles. Oder wollen
Eltern und Lehrer lieber eine Dumpfbacke haben,

die brav in der Ecke sitzt und nur was sagt, wenn sie gefragt wird? Das kann es doch nicht sein, aber echt!

Als ich neulich mal wieder mit offenen Ohren so durch die Wohnung gehe, da höre ich doch – rein zufällig natürlich, ich würde ja nie lauschen –, wie Mama in der Küche mit der Frau Knesebeck über mich spricht. Dass ich immer so leicht erregbar bin und so rasch aufbrause. Und dass sie gar nicht weiß, von wem ich das habe. Die Frau Knesebeck hat gemeint, dass man es bei mir mal mit Yoga versuchen soll, und Mama hat gemeint, dass das eine gute Idee ist.

Am nächsten Tag hat mich die Frau Knesebeck dann auch gleich angequatscht und hat gesagt, dass sie früher auch so leicht erregbar gewesen ist und oft auch ausgerastet ist. Aber dass sie jetzt Yoga macht und dass man da beruhigende Gedanken kriegt, wenn man auf dem Kopf steht und das Blut hineinfließt.

Sie hat mir beigebracht, wie man yogat, und als ich es gekonnt habe, habe ich es dem Timo beigebracht.

Wir haben es dann auch gleich mal in der Schule ausprobiert, natürlich während des Unterrichts, in der Pause macht es ja überhaupt keinen Sinn. Aber als die Frau Herbst den Timo und mich auf dem Kopf stehen gesehen hat, ist sie ziemlich ausgerastet. Wahrscheinlich hat sie gedacht, dass wir wieder mal hyper sind, dabei waren wir ganz ruhig.

Mama hat danach zu einem Gespräch zu ihr in die Schule kommen müssen und die Mama vom Timo auch.

Mama hat die ganze Geschichte dann wieder der Frau Knesebeck erzählt, und ich habe gehört – auch wieder rein zufällig –, dass die Frau Herbst zu ihr gesagt hat, sie soll mit mir zu einem Kinderpsychologen gehen, aber rasch. Und sie hat gemeint, dass ich vielleicht eine Medizin brauche, weil sie sonst kein Land mehr für mich sieht. Und sie hat Mama einen Fragebogen mitgegeben, damit sie den ausfüllt und dem Kinderpsychologen mitbringt.

Zu Timos Mama hat sie das Gleiche gesagt.

Da habe ich gedacht, wieso eigentlich Mama? Wieso soll Mama den Fragebogen ausfüllen, warum denn nicht ich? Wo ich doch am besten weiß, was man zu den Fragen sagen kann.

Timo hat genauso gedacht wie ich, und wir haben den Fragebogen dann selber ausgefüllt. Aber jeder für sich allein, wir wollten ja nicht voneinander abschreiben.

Und das sind die Sachen, über die man in dem Fragebogen nachdenken sollte und sagen sollte, ob sie stimmen oder nicht:

Frage eins:
Das Kind zappelt häufig mit den Händen und Füßen und rutscht auf dem Stuhl herum.
Das mit den Händen und Füßen stimmt. Aber das ist ja auch meine Körpersprache. In Italien spricht jeder mit den Händen. Körpersprache hilft sehr, wenn einem mal gerade die richtigen Worte nicht einfallen. Das kann man zum Beispiel im Straßenverkehr sehen. Da haben die Autofahrer schon eine richtige Zeichensprache.

Mit dem Rumrutschen auf dem Stuhl ist wahrscheinlich das Rumrutschen während dem Unterricht gemeint. Das stimmt bei mir eigentlich nicht, weil ich nämlich nur selten sitze. Fast schon nie.

Frage zwei:
Das Kind steht in der Klasse oder in Situationen, in denen Sitzenbleiben erwartet wird, häufig auf.

Stimmt. Wenn man wie ich viel herumgeht, muss man ja auch aufstehen. Außerdem mache ich freiwillig Tafeldienst, und den kann man im Sitzen überhaupt nicht machen.

Das andere stimmt nicht. Im Kino oder Theater bleibe ich immer sitzen, weil sonst der hinter mir nichts sieht, wenn ich aufstehe. Und außerdem finde ich es nicht gemütlich, im Stehen Kino zu sehen.

Frage drei:
Das Kind läuft herum und klettert in Situationen, in denen das unpassend ist.
Stimmt, aber in allen Ratgeberbüchern kann man lesen, dass die Kinder sich viel bewegen sollen. Rumlaufen und klettern, also nicht faul herumsitzen, weil sie sonst dick werden. Das habe ich mir sehr zu Herzen genommen. Und ich habe es auch der Frau Herbst gesagt, dass ich lieber hyper bin, als dass ich dick werde. Aber das versteht sie irgendwie nicht.

Frage vier:
Das Kind hat Schwierigkeiten, ruhig zu spielen oder sich ruhig mit Freizeitaktivitäten zu beschäftigen.

Ruhig spielen – also, so was Blödes. Als ich neulich beim Timo zum Spielen war, haben wir uns in seinem Zimmer auf den Boden gesetzt und nichts getan und nichts gesprochen. Da ist dann auch gleich seine Mama angedüst gekommen und hat gesagt: »Was macht ihr denn?« Timo hat gesagt: »Spielen.« Und ich habe gesagt: »Ruhig spielen.« Da ist sie wieder gegangen, seine Mama, und ich habe gehört, wie sie gemurmelt hat: »Jetzt drehen sie völlig durch.«

Frage fünf:
Das Kind ist häufig auf Achse oder handelt, als wäre es getrieben.
Stimmt. Um auf Achse zu sein, habe ich ja auch von Papa ein Rad gekriegt. Und Mama ist auch oft ganz froh, wenn ich mal nicht zu Hause bin, sondern auf Achse. Aber mich treiben muss niemand, das tue ich schon selbst.

Frage sechs:

Das Kind redet übermäßig viel.

Also, wer da mehr redet, meine Lehrerin oder ich, möchte ich gerne mal wissen. Die redet und redet und redet. Ich empfinde das oft als übermäßig viel. Ich kann auch ruhig sein, sehr ruhig sogar. In Mathe zum Beispiel sage ich meist gar nichts.

Frage sieben:

Das Kind platzt häufig mit Antworten heraus, bevor die Frage gestellt ist.

Stimmt, das muss man aber können. Das können nicht alle. Wenn meine Lehrerin etwas zu mir sagen will, weiß ich schon immer im Voraus, was da kommt. Ich sage dann immer gleich was zu ihr, damit sie gar nicht erst fragen braucht.

Mit Mama ist es ähnlich. Neuerdings aber hat Mama sich angewöhnt, die Sachen, die sie immer fragt, plötzlich ganz anders zu fragen. Das kann einen richtig verwirren.

Frage acht:

Das Kind kann nur schwer warten, bis es an der Reihe ist.

Kann man gar nicht richtig beantworten, so

eine Frage. Es kommt doch darauf an, in was für einer Reihe man warten muss und worauf. Am Eisstand kann es schon mal sein, dass ich drängle. Sonst ist das Eis womöglich geschmolzen, bis ich dran bin.

Beim Zahnarzt zum Beispiel drängle ich nie, da lasse ich andere sogar noch vor. Und am Ende der Pause drängle ich auch nicht, da bin ich meist die Letzte, die reingeht.

Frage neun:
Das Kind unterbricht und stört andere häufig.
Ja, unterbrechen tue ich schon, weil es manchmal tierisch langweilig ist, nicht zu unterbrechen. Und die Langweiler stört das auch gar nicht, wenn man unterbricht, weil die so langweilig sind, dass sie gar nicht merken, wenn sie unterbrochen werden.

Am Ende des Fragebogens hat es dann geheißen, dass, wenn von den neun Symptomen sechs in den letzten sechs Monaten deutlich vorhanden sind, dann der Verdacht besteht, dass man ein hyperaktiver Typ ist.

Also, erstens ist bei mir alles entweder deut-

lich vorhanden oder überhaupt nicht. Und zweitens schon viel länger als erst seit sechs Monaten. Weil ich nämlich als Baby schon so war,
aber das nur nebenbei.

Ich bin dann mit dem ausgefüllten Fragebogen erst einmal zu unserem Kinderarzt gegangen, um mit ihm das Ganze ausführlich zu besprechen. Er kennt mich ja schon seit meiner
Geburt, und wir können ganz offen miteinander
reden.

Ob alle hyperaktiven Kinder Medizin brauchen, habe ich gleich gefragt.

»Alle bestimmt nicht«, hat er gesagt, »aber
manche schon.«

»Und ich?«, wollte ich wissen.

Er hat meinen Fragebogen genommen und ihn
ganz ruhig durchgelesen. Und bei jeder meiner
Antworten hat er genickt. Und am Schluss hat er
mich ganz süß angeguckt und hat gesagt: »Kein
Zweifel, Kiki, du bist ein hyperaktives Kind. Wie
schön! Ich hatte schon befürchtet, dass bei den
Fragen rauskommt, dass du es nicht bist. Grüße
deine Mama«, hat er zum Abschied gesagt, »und
sage ihr, dass sie glücklich sein kann, ein Kind
wie dich zu haben. Denn die hyperaktiven Kinder – das sind ganz besondere Kinder.«

Aber dann hat er noch etwas gesagt. »Vergiss

aber auch nicht«, hat er gesagt und mich dabei ganz ernst angesehen, »dass Kinder wie du sehr anstrengend sind und Eltern und Freunde brauchen, die stark sind und sie sehr lieb haben.«

Als er das gesagt hat, habe ich mir ganz stark vorgenommen, mit Timo auch mal ruhig zu spielen.

Zehntes Kapitel

in dem ich mal über Schulangst
was sagen möchte und wie ich mir
Schule vorstelle.

Über Schule mache ich mir ja schon lange so
meine Gedanken. Ein paar davon kann man in
meinem ersten Ratgeberbuch finden, aber nur
ein paar. Deswegen haben sich auch viele Eltern
beklagt, dass es in meinem Buch kein eigenes
Kapitel über Schule gibt. Die wollten nämlich
gern mal hören, die Eltern, was *ich* über Schule
so denke, bei den Erfahrungen, die ich mit Schule habe.

Lehrer haben sich keine beschwert. Wahrscheinlich wollten die es lieber nicht wissen. Na
ja, sie müssen dies Kapitel ja nicht lesen, wenn
sie nicht wollen.

Jedenfalls: Wenn so viele sich ein Schulkapitel
wünschen, muss ich auch eins schreiben. Das
gehört sich einfach, denk ich mal. Aber noch

während ich auf der Schule bin. Weil ich, wenn ich nicht mehr auf der Schule bin, bestimmt nicht mehr über Schule nachdenke. Da denke ich über ganz andere Sachen nach, aber holla!

So ein Schulkapitel schreiben ist gar nicht so leicht. Viel schwerer, als Eltern vielleicht glauben. Weil man da nämlich jede Menge Ärger mit den Lehrern kriegen kann, wenn man was Falsches sagt. Lehrer sind ja so empfindlich, und wie!

Aber verbieten kann mir niemand, über Schule zu sagen, was ich denke. Weil die Gedanken nämlich frei sind. Aber nicht nur die von den Erwachsenen, die von den Kindern auch. Deswegen dürfen wir auch alles sagen, was wir denken, auch wenn es den Erwachsenen nicht gefällt. Aber darüber werden Sie noch etwas in meinem Kapitel über die Kinderrechte lesen.

Mein Onkel Poldi hat mir erzählt, dass sie jetzt bei den Kindern eine Befragung gemacht haben. Und da ist rausgekommen, dass jedes dritte Kind Kopfschmerzen hat und jedes vierte Kind Bauchweh, wenn es an Schule denkt. Ein Kind muss also noch nicht mal hingehen in die Schule. Das wird schon krank, wenn es überhaupt nur an sie denkt.

Da haben die Politiker natürlich alle gleich was dazu zu sagen gehabt. Und die Oberste vom Familienministerium hat im Fernsehen gesagt, dass man Kopfschmerzen und Bauchweh immer dann kriegt, wenn man Stress hat und überlastet ist. Also, dass die das gewusst hat, find ich ja echt stark. Aber sie hat das mit den Kopfschmerzen und dem Bauchweh nicht nur gewusst. Sie hat sogar darüber nachgedacht und sich gefragt, ob es in den Schulen noch genügend Raum gibt für Muße und Entfaltung.

Also, ich frage mich das schon lange nicht mehr, was die im Familienministerium sich fragt. Weil ich nämlich längst weiß, dass es das nicht gibt, Muße und Entfaltung.

Ich darf ja gar nicht daran denken, was ich mit meiner Muße alles anfangen würde, wenn ich nur welche hätte. Und wie ich mich entfalten würde. Meine Mama hat auch gesagt, dass sie darüber lieber nicht nachdenken möchte.

Aber warum haben denn Kinder Kopfschmerzen und Bauchweh? Weil sie Angst vor der Schule haben. Und wovor haben sie Angst?

Vor allem vor den Noten. Und vor den Lehrern, die sie austeilen. Und vor den Eltern, die schimpfen, wenn die Noten nicht gut sind. Als wenn die Noten im Leben das Wichtigste wären. Als ob die Noten sagen würden, ob aus einem mal was Ordentliches wird oder nicht.

Da kann man sich nämlich ganz schön täuschen, wenn man nur nach den Noten geht. Die Liste von Leuten, die einmal ganz schlecht gewesen sind in der Schule und später sehr berühmt wurden, ist ziemlich lang. Und die Liste von denen, die gut waren und aus denen nichts geworden ist, die ist so lang, dass man sie gar nicht drucken kann.

Eigentlich heißt es doch immer, dass die Kinder sich auf die Schule freuen sollen. Aber von Freude kann da bei den meisten keine Rede sein.

Und auch die Lehrer jammern darüber, dass so viele Kinder gar nicht mehr gerne in die Schule gehen. Und sagen, dass es oft nicht so einfach ist, Kinder für den Unterricht zu begeistern.

Ja, klar ist das nicht einfach. Wenn der Lehrer die Kinder nicht begeistert, kann sein Unterricht sie auch nicht begeistern.

Und warum können so viele Lehrer Kinder nicht begeistern? Weil so viele Lehrer lieber ganz was anderes geworden wären als Lehrer. Das weiß man, weil man es untersucht hat. Von zehn Lehrern, hat mir Onkel Poldi erzählt, haben nur einer oder zwei wegen der Kinder Lehrer werden wollen. Die anderen wären lieber was anderes geworden. Da darf man sich dann nicht wundern, wenn den Kindern der Unterricht nicht gefällt. Und das ist bei den Lehrern nicht anders als – sagen wir mal – bei den Bäckern: Wenn der Bäcker nicht gerne backt, kannst du die Brezeln gleich vergessen.

Die Lehrer klagen ja darüber, dass so viele Kinder den Stoff nicht gerne lernen. Und einfach abschalten im Unterricht und dann schlechte Noten kriegen. Klar schalten die ab. Weil sie kapieren, dass sie in der Schule nicht fürs Leben lernen, sondern bloß für die Noten lernen müssen. Und wenn wir doch mal was fürs Leben lernen, dann leider immer das Falsche.

Eigentlich heißt es doch immer, dass die Lehrer alles tun sollen, damit die Kinder Freude am Unterricht haben. Damit sie in der Schule richtig mitmachen und möglichst viel lernen. Und viele Lehrer würden uns ja auch gerne was anderes beibringen, aber leider geht das nicht. Weil sie uns nämlich die Sachen beibringen müssen, die sich die im Schulministerium ausgedacht haben. Weil das alles Sachen sein sollen, die wichtig sind fürs Leben. Angeblich.

Also, ob das stimmt, da hab ich ja sehr meine

Zweifel. So oft, wie sich bei uns der Stoff im Unterricht ändert, so oft kann sich das Wichtige fürs Leben doch gar nicht ändern, oder?!

Also, ich möchte in der Schule nicht nur schreiben, lesen und rechnen lernen, sondern auch etwas über Freundschaft und Hilfsbereitschaft hören. Und wie man lernt, zu anderen freundlich und kameradschaftlich zu sein. Und wie man Streit schlichten kann, damit es nicht zu Hass und Gewalt kommt.

Dann fände ich es auch gut, wenn unter den Kindern die blöde Konkurrenz um Noten aufhören würde, weil auch ein Kind mit schlechten Noten kein blödes Kind sein muss. Eigentlich möchte ich sagen, dass Noten überhaupt nicht sein müssen. Und wenn sie schon sein müssen, dass auch Phantasie und Kreativität und Kameradschaft und solche Sachen benotet werden.

Ich möchte in der Schule auch viel mehr Musik machen und Theater spielen können. Und Wände bemalen und Bäume im Pausenhof pflanzen dürfen. Ja, das würde ich mir wünschen.

Und ich will auch, dass Kinder es immer sagen dürfen, wenn sie was nicht in Ordnung finden. Und dass sie nicht dafür bestraft werden, wenn sie es tun.

Leider haben das die Lehrer gar nicht gern, wenn Kinder ihre Meinung sagen. Das bringt sie immer so leicht aus der Fassung, wenn man was sagt, das ihnen nicht gefällt.

Aber jetzt habe ich ja etwas Megainteressantes gehört. Das macht mich richtig hoffnungsfroh.

Onkel Poldi hat mir nämlich erzählt, dass man festgestellt hat, dass die Kinder in jeder Unterrichtsstunde nur für zwei Minuten etwas Neues lernen.

Also, wenn das stimmt, schlage ich vor, dass wir Kinder uns zwei Minuten lang ganz toll konzentrieren und super lernen.

Und in den restlichen dreiundvierzig Minuten der Schulstunde ist dann genügend Raum für Muße und Entfaltung.

Elftes Kapitel

in dem ich mich ärgere, dass die
Erwachsenen uns Kinder nie richtig
ernst nehmen.

Wenn die Erwachsenen uns Kinder nicht ernst nehmen, ärgert mich das. Was kann bei einem Kind schon so wichtig sein, denken sie immer.

Also, ich finde, dass man ein Kind ernst nehmen muss. Wichtiger noch als Erwachsene. Und die wollen doch auch, dass man sie ernst nimmt.

Aber vielleicht brauchen Erwachsene das gar nicht, dass man sie ernst nimmt, so wie wir Kinder das brauchen. Weil die sich nämlich immer schon selbst so ernst nehmen, die Erwachsenen.

Und das ist manchmal richtig komisch, wenn sie sich so ernst nehmen.

Wenn Erwachsene uns Kinder immer wieder nicht ernst nehmen, kann daraus was entstehen, was ihnen vielleicht gar nicht gefällt.

Ich nenne nur mal ein paar Beispiele:

Wenn Mathilde, die kleine Tochter von der Frau Meier, nach ihrer Mama ruft, weil sie ihr dringend was ganz Wichtiges zeigen will, ruft die Frau Meier immer: »Ja, Mathilde, ich komme gleich!«

Und wenn Mathilde immer und immer wieder ruft, immer das Gleiche: »Ja, Mathilde, ich komme gleich!«

Und irgendwann kommt die Mama dann auch.

Aber irgendwann ist nicht gleich.

Mathilde aber ist kein Dummie, die hat ein helles Köpfchen, obwohl sie erst drei ist. Die hat nämlich ganz schnell kapiert, dass man das auch nicht immer ernst nehmen muss, was die Erwachsenen sagen.

Und wenn die Mama jetzt Mathilde ruft, weil sie ihr was Wichtiges sagen will, ruft Mathilde: »Ja, Mama, ich komme gleich!«

Und wenn die Mama wieder und wieder ruft, immer das Gleiche: »Ja, Mama, ich komme gleich!«

Und irgendwann kommt Mathilde dann auch. Aber eben nicht gleich, sondern irgendwann.

Oder wenn Mama in der Küche mit dem Essen wartet und Mathilde noch Fernsehen gucken muss. »Ja, Mama, ich komme gleich!«

Neulich hat Mathilde ihr Zimmer aufräumen sollen, hat aber noch keine Lust auf Zimmeraufräumen gehabt. Da hat sie dann ihre Lieblingsplatte aufgelegt: »Ja, Mama, mach ich gleich!«

Beim zehnten Mal haben bei der Frau Meier die Nerven versagt, und sie ist in Mathildes Zimmer geschossen und hat geschimpft: »Wenn ich was sage, meine ich das auch.«

Den Satz hat sich Mathilde natürlich auch gleich wieder gemerkt.

Und wenn Mathilde jetzt von ihrer Mama nicht ernst genommen wird, sagt Mathilde immer zu ihr: »Wenn ich was sage, meine ich das auch.«

Ja, so ist das mit den Kindern. Die lernen viel schneller, als die Erwachsenen das oft glauben.

Aber es kann auch mal was Schlimmes passieren, wenn Kinder den Erwachsenen sagen, dass sie was Wichtiges sagen oder zeigen wollen und die Erwachsenen es nicht ernst nehmen. Etwas, was richtig ins Auge gehen kann. Aber da sind sie dann selbst dran schuld.

Wie neulich bei der Corinna aus meiner Klasse. Die wollte ihrer Mama sagen, dass die Toaste in der Küche rauchen. Aber ihre Mama hat Corinna nicht ernst genommen und so lange telefoniert, bis die Toaste nicht mehr geraucht haben, sondern der Küchenvorhang gebrannt hat.

Und noch etwas gibt es, worüber ich richtig wütend werden kann: Wenn Erwachsene zusammenstehen und stundenlang über dies und das quasseln und man dann was sagen möchte, was ganz Wichtiges, da heißt es dann immer: »Siehst du denn nicht, dass wir Großen uns unterhalten?«

Und wenn man fragt, ob man nicht ganz schnell zwischenrein mal was sagen darf, heißt es: »So lange wirst du schon noch warten können.«

Dabei wissen sie doch noch gar nicht, was man sagen will. Und ob das wichtig ist oder nicht.

Und wenn man dann sagt, dass es was ganz Wichtiges ist, dann sehen sie sich gegenseitig immer so erwachsen an und lächeln so erwachsen: Was kann bei einem Kind schon wichtig sein?

Aber wenn *wir* uns mal unterhalten, dann quatschen die Erwachsenen einfach dazwischen, auch wenn sie gar nichts Wichtiges zu sagen haben. Und stören ohne Ende, ohne überhaupt nachzudenken, ob wir nicht gerade was Wichtiges zu besprechen haben.

Oder wenn man Erwachsenen was erklären will. Da fahren sie einem immer gleich über den

Mund, weil es ihnen zu lange dau-
ert, bis man es richtig erklärt hat.
Weil sie ja sowieso denken, dass
es nicht so wichtig ist, was ein
Kind erklären möchte.

Eigentlich wäre
es schön, wenn
die Erwachsenen
uns Kindern wenigstens zuhören würden, wenn
sie uns schon nicht richtig ernst nehmen.

Meine Mama, auch wenn sie manchmal ziemlich nervt, ist prima im Zuhören. Das muss ich
hier mal sagen. Und ernst nehmen tut sie uns
Kinder auch.

Manchmal zu ernst.

Mein Bruder Niko nützt das dann gerne aus,
wenn er Mist gebaut hat. Und erzählt ihr die
tollsten Märchengeschichten. Und Mama glaubt
dann immer alles, was er ihr sagt. Weil sie ihn
eben ernst nimmt.

Niko findet das toll, aber ich finde das nicht.
Weil, wenn ein Erwachsener einen schon mal
ernst nimmt, darf man das nicht ausnutzen. Sonst
tut er es nicht mehr.

Ich habe das Niko schon ein paar Mal erklärt,
aber er tut es immer wieder. Und als er es dann
neulich wieder getan hat, habe ich ihm eine ge-

klebt. Aber richtig. Er hat geheult und was von Gewalt gegen Kinder gequasselt und dass ich eklig bin wie alle Mädchen. Aber das war mir so was von egal.

Also, das möchte ich eigentlich schon gerne, dass die Erwachsenen wissen, dass man Kinder ernst nehmen muss.

Und dass sie sich mal daran erinnern sollten, wie das bei ihnen gewesen ist, als sie klein waren.

Dass sie es damals sicher auch nicht komisch gefunden haben, wenn sie von den Erwachsenen nicht ernst genommen wurden.

Aber vielleicht sind *Sie* ja von ihren Eltern ernst genommen worden. Weil Sie Eltern gehabt haben, die Kinder verstehen.

Und Eltern, die Kinder verstehen, sind für Kinder ein großes Glück.

Zwölftes Kapitel

in dem mich interessieren würde,
warum manche Männer eigentlich
Väter und manche Frauen Mütter
geworden sind, wenn sie sich hinterher gar nicht richtig um ihre Kinder
kümmern.

Die Erwachsenen sind schon komische Leute.

Alle wollen gerne Kinder haben, aber wenn sie dann da sind, die Kinder, jammern sie, die Erwachsenen.

Nicht alle, aber viele.

Und worüber jammern sie?

Dass sie plötzlich nicht mehr alleine und nur noch mit Beruf und Haushalt beschäftigt sind. Keine Zeit mehr haben für sich, weil die Kinder so viel Zeit kosten. Dass sie nicht mehr all die schönen Sachen tun können, die sie immer so gerne getan haben. Und überhaupt, dass sie viel zu viel am Hals haben und nicht mehr wissen,

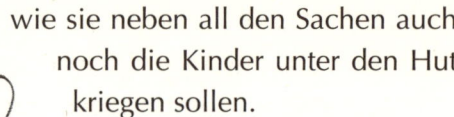

wie sie neben all den Sachen auch noch die Kinder unter den Hut kriegen sollen.

Auch noch die Kinder! Also, wenn ich das schon höre!

Und wenn die Kinder nicht zu den schönen Sachen gehören, wozu gehören sie eigentlich dann?

Warum können Eltern nicht auch sagen: Wir verzichten jetzt mal eine Zeitlang auf Ausgehen und Hobbys und Reisen und all die anderen schönen Sachen, weil sonst gar keine Zeit mehr für die Kinder bleibt?

Warum müssen eigentlich immer die Kinder für alles herhalten? Ja, das möchte ich hier schon mal fragen.

Und warum man sich Kinder wünscht, wenn man schon vorher weiß, dass man sich nicht genügend um sie kümmern kann, das möchte ich auch gern mal wissen.

Weil es mich nämlich sehr traurig macht, wie die Erwachsenen oft zu den Kindern sind. Und ich muss dann immer an die Tiere denken. Denen geht es nämlich auch oft nicht anders als den Kindern.

Kinder lieben ja Tiere. Und viele wünschen sich ein Haustier, besonders einen Hund. Und manche kriegen auch einen, zu Weihnachten oder zum Geburtstag. Oder weil sie im Kino die *101 Dalmatiner* gesehen haben von Walt Disney oder im Fernsehen den Hund vom amerikanischen Präsidenten.

Aber Kino ist Kino, und bei welchem Kind ist der Vater schon Präsident?

Und wenn er dann da ist, der Hund oder die Katze oder ein anderes Tier, da gehen dann die Probleme los. In den ersten Tagen noch nicht, da freuen sich noch alle über das Tier, aber danach.

Denn wenn Weihnachten vorbei ist oder der Geburtstag, da sehen die Kinder nämlich, dass Tiere nicht nur Freude machen, sondern auch echt Arbeit. Dass man mit ihnen nicht nur spielen kann, sondern dass man sich auch um sie kümmern muss. Und sie nicht einfach einsperren und allein lassen kann. Und dass sie auch im Weg sein können oder stören, wenn man mit den Freunden spielen will.

Aber das alles hätten die Eltern wissen müssen. Und dass Tiere keine Geschenke sind, eigentlich auch. Schließlich sind sie erwachsen und viel klüger als die Kinder.

Und was ist das Ende von den Tieren? Dass sie im Tierheim landen oder ausgesetzt werden.

Ich weiß das, weil ich in unserem Tierschutzverein bin und öfters im Tierheim aushelfe und all die traurigen Weihnachts- und Geburtstagsgeschenke dort sehe.

Also, dass man sich um Tiere kümmern muss und dass das Zeit kostet, ist eigentlich klar. Und wenn man die nicht hat, soll man das mit dem Haustier besser lassen.

Und genauso wie mit den Tieren ist das mit den Kindern.

Wenn sie nämlich da sind, sehen die Erwachsenen, dass Kinder richtig viel Arbeit machen. Und auch stören können. Und dann haben sie den Salat, aber dann ist es zu spät.

Viele Kinder kommen dann in die Kita. Manchmal sogar schon als Babys. So wie die Welpen ins Tierheim kommen.

Aber ein Baby braucht seine Mama. Und wenn das mit der Mama nicht geht, weil die arbeiten muss, dann eben den Papa. Dafür gibt es jetzt ja sogar extra Geld vom Staat, damit er daheimbleiben kann. Aber was das Baby nicht braucht, ist eine Ersatzmutter. So eine aus den Stellenanzeigen in der Zeitung.

Ja, ich weiß schon, man sagt nicht Ersatzmutter, man sagt Tagesmutter. Aber deswegen ist sie auch keine richtige Mutter, für das Baby nämlich. Bloß so 'ne Art Ersatz für die richtige.

Klar, manchmal geht es gar nicht anders, leider. Da kann Mama nicht daheimbleiben und der Papa auch nicht, weil sie Geld verdienen müssen. Und mit zur Arbeit nehmen kann man die Kinder bei uns auch nicht, so wie in Afrika in diesen hübschen Tragetüchern. Da muss man dann froh sein, dass es so etwas gibt wie eine Tagesmutter oder eine Kita.

Aber in vielen Familien würde es auch anders gehen. Weil es da nämlich Frauen gibt, die bloß viel lieber wieder hübsch angezogen im Büro arbeiten wollen, statt zu Hause Babysachen zu waschen. Und weil es da Männer gibt, die überall stolz erzählen, dass sie Väter sind, und dabei vergessen, dass ihre Kinder keine Väter haben, weil sie sich nämlich nicht die Bohne um sie kümmern.

So etwas wie eine Tagesmutter oder eine Kita gibt es ja auch nur bei den Menschen. Bei den Tieren gibt es so was nicht. Da würde doch keine Löwenmama ihre kleinen Löwen einer Ersatzmama geben. Da ist alles gut organisiert, bei den Löwen. Während die Löwenmama auf der Jagd ist, kümmert sich der Löwenvater um die Kinder. Und wenn der auch keine Zeit hat, kümmert sich das Rudel um sie. Die haben richtige Kindergärten organisiert, die Löwen.

Die würden doch nicht zu fremden Löwen gehen und sagen: He, passt mal auf unsere Kleinen auf, wir haben mal ohne die Kinder was vor.

Nein, die Löwen kümmern sich um ihre Löwenkinder selbst. So lange, bis sie groß und selbständig sind. Bis sie alleine für sich sorgen können.

Und bei den Pinguinen ist es ähnlich. Bei denen wechseln sich Vater und Mutter bei der Nahrungssuche ab. Und beim Kinderaufpassen auch.

Ja, so ist das im Tierreich.

Ganz anders als bei den Menschen.

Wäre eigentlich schön, wenn die Menschen auch mal was von den Tieren lernen würden.

Dreizehntes Kapitel

in dem ich die Erwachsenen mal
fragen möchte, ob sie schon mal was
von Kinderrechten gehört haben.
Und welche das sind.

Wissen Sie eigentlich, was der 20. September für ein ganz besonderer Tag für uns Kinder ist? Oder der 20. November?

Nicht? Hab ich mir schon gedacht. Aber wahrscheinlich kommt das daher, weil dieser Tag in jedem Land der Welt wann anders gefeiert wird. Kein Wunder, dass bei diesem Durcheinander niemand den Tag kennt.

Unsere Lehrerin, die Frau Herbst, hat auch nicht gewusst, was das für ein Tag ist. Noch nicht einmal, dass es so einen Tag überhaupt gibt. Aber das habe ich auch nicht anders erwartet. Lehrer tun immer so, als würden sie alles wissen, dabei stimmt das gar nicht. Da tun sich oft ziemliche Lücken auf.

Also, der 20. September ist der *Weltkinder-tag*.

Eigentlich ist es der 20. November. Denn an diesem Tag vor zwanzig Jahren sind Politiker aus aller Welt bei der UNO in New York zusammen-gekommen, um etwas ganz Wichtiges zu be-schließen. Und sie haben etwas ganz Wichtiges beschlossen. Dass nämlich nicht nur die Erwach-senen Rechte haben dürfen, sondern auch die Kinder dieser Welt. Und dass jedes Jahr am 20. November alle Menschen daran erinnert werden sollen. Und dass dieser Tag seitdem der *Weltkin-dertag* ist. Aber jedes Land darf ihn wann anders feiern.

Ich weiß das alles so gut, weil ich in der Schu-le ein Referat halten musste. Und meines ging über Kinderrechte. Das habe ich mir selbst aus-gesucht, und es ist sehr gut bei den Kindern an-gekommen. Am Schluss von meinem Referat habe ich gesagt, dass es eigentlich richtig wäre, dass an einem so wichtigen Tag schulfrei ist. Das ist bei den Kindern besonders gut angekommen. Und wenn schulfrei wäre, wüssten auch die Leh-rer, warum, und würden diesen Tag besser ken-nen. Und sich vielleicht auch auf ihn freuen.

Seit dem 20. November 1989 also gibt es Kin-derrechte, die in der ganzen Welt gelten. Und obwohl das so ist, geht es den Kindern in vielen Ländern der Welt dreckig. Weil die Erwachsenen von Kinderrechten einfach nichts wissen wollen.

Ich nenne mal einige von den Kinderrechten:

Zu den Kinderrechten gehört da zum Beispiel, dass ein Kind alles sagen darf, was es denkt.

Klar, dass die Erwachsenen oft was ganz anderes denken und eine ganz andere Meinung haben als die Kinder. Das wäre auch nicht so schlimm, wenn sie uns Kinder nur wenigstens mal sagen lassen würden, was wir meinen.

Wenn ein Kind seine Meinung sagt, heißt das natürlich noch nicht, dass die Erwachsenen auch auf das hören müssen, was es sagt. Aber wenn es schon alt genug ist und schon eine eigene Meinung hat, dann sollten die Erwachsene die auch ernst nehmen. Und sie vielleicht auch berücksichtigen.

Dann gibt es da noch das Kinderrecht, dass Kinder sich über alles informieren dürfen, was für sie wichtig ist.

Klar, wenn man sich über etwas eine eigene Meinung machen will, muss man sich auch informieren können. Über alles, was in der Welt so geschieht und was andere Menschen meinen und sagen. Man muss also Zeitung lesen, Radio hören, Filme sehen, Fernsehen gucken und Computer benutzen dürfen. Und natürlich mit anderen darüber reden und diskutieren dürfen. Aber Erwachsene haben es meist nicht gern, wenn Kinder das Diskutieren anfangen. Sie nennen das dann immer Streiten.

Kinder haben auch ein Recht darauf, ein schönes Leben zu haben.

So wie die Erwachsenen in ihrer Freizeit etwas Schönes tun, so wollen das auch die Kinder tun dürfen. Und was für Kinder schön ist, muss nicht immer nützlich sein. Leider verstehen das die Erwachsenen nicht. Für die ist *nützlich* nämlich ein viel wichtigeres Wort als *schön*. Dabei haben die Erwachsenen doch auch oft Spaß an Dingen, die ziemlich unnütz sind und die sie aber trotzdem tun. Nur bei den Kindern glauben sie, dass, was nützlich ist, für sie auch schön sein muss.

Kinder wollen spielen. Deswegen muss es genügend Spielplätze geben. Kinder wollen Musik hören und Musik machen, Filme sehen, ins Theater gehen und Theater machen, und vieles andere mehr. Und das muss man sie auch tun lassen. Sie

müssen bei all den Dingen mitmachen können,
die das Leben schön machen. Klar, nicht an allen,
aber an vielen.

Es gibt natürlich noch viel, viel mehr Kinderrechte, über die sich die Erwachsenen ruhig mal
informieren sollten. Denn zu allen Rechten kann
ich hier jetzt nicht was sagen. Das würde ja total
den Rahmen meines Buches sprengen.

Aber ein Recht gibt es da noch, das
finde ich besonders schön. Und
besonders wichtig. Und zu dem
muss ich unbedingt noch etwas
sagen.

Es ist das Recht der Kinder auf
Glück.

Dass es so ein Recht überhaupt
gibt, haben Sie sicher nicht gewusst. Ich auch
nicht vor meinem Referat.

Mit diesem Recht wird gefordert, dass Kinder
umgeben von Glück, Liebe und Verständnis auf-
wachsen, damit sie sich entfalten können.

Als ich das gelesen habe, habe ich mich gleich
gefragt: Wissen die Erwachsenen überhaupt, was
uns Kinder glücklich macht?

Ich glaube, das wissen die Erwachsenen gar
nicht.

Die glauben nämlich, dass alles, was sie selbst

glücklich macht, auch die Kinder glücklich machen muss.

Dabei ist es für uns Kinder das allergrößte Glück, erst einmal Kinder zu sein und alles tun zu dürfen, was Kinder gerne tun und wollen.

Aber das verstehen die Erwachsenen nicht.

Weil sie in uns Kindern nie uns sehen, immer nur sich selbst.

Weil sie nie daran denken, wie *sie* waren, bevor sie erwachsen wurden.

Weil sie vergessen haben, dass auch *sie* einmal Kinder waren. Und nichts lieber sein wollten als Kinder.

Vielleicht sollten sie sich *daran* wieder erinnern, die groß gewordenen Kinder: dass Kinder Kinder sind.

Wenigstens einmal im Jahr.

Am *Weltkindertag*.

Aber eigentlich jeden Tag.

Vierzehntes Kapitel,

in dem ich mal über Streiten, Loben
und Lügen etwas sagen möchte.
Und über noch was anderes auch.

Warum regen sich Erwachsene eigentlich immer so tierisch auf, wenn Kinder streiten? Wo
sie doch selbst ständig streiten, auch wenn sie
es nicht streiten nennen. Sie sagen diskutieren
dazu.

Aber wenn die Kinder streiten, liegen bei den
Erwachsenen immer gleich die Nerven bloß.
Und sie brüllen oder drohen oder versuchen zu
tricksen. Da kann man dann als Kind auch leicht
mal die Nerven verlieren und selbst das Brüllen
anfangen.

Nicht alle Kinder sind ja so nervenstark, wie
ich das bin. Aber mit zwei Brüdern in der Familie bin ich auch durch eine harte Schule gegangen. Meine Brüder mit mir aber auch, das können Sie mir glauben!

Streitende Geschwister, die haben Eltern ja überhaupt nicht gern. Besonders wenn Besuch da ist nicht. Weil dem Besuch ja Musterkinder vorgeführt werden sollen. Eltern würden es ja am liebsten sehen, wenn zu Hause unentwegt die Sonne scheint. Bei Geschwistern scheint die Sonne aber nicht unentwegt, da blitzt und kracht es schon auch mal, und nicht nur mal. Dass Eltern einfach nicht kapieren, dass Krach im Kinderzimmer nicht richtig Krieg ist, sondern nur Schlachtenlärm.

Außerdem kann Streiten richtig schön sein. Und das Wiederversöhnen hinterher auch.

Und Streiten ist für Kinder auch was ganz Wichtiges. Damit die Kinder, wenn sie erwachsen sind, das Streiten schon gelernt haben. Damit muss man nämlich früh anfangen, um das richtig gut zu können. Das kann man in vielen Ratgeberbüchern lesen, sogar in denen, die nichts taugen.

Aber die Erwachsenen, vor allem die Eltern und die Lehrer, die mögen das Streiten nicht. Die wollen Harmonie. Und sie glauben, dass, wenn nicht gestritten wird, dass dann Harmonie ist. Dabei ist das doch nur die Ruhe vor dem nächsten Sturm.

Mein Onkel Poldi sagt immer: Harmonie verblödet, aber das nur nebenbei.

Ich glaube ja, dass Eltern und Lehrer nur deshalb friedliche Kinder wollen, weil sie selbst so viel Mühe damit haben, nicht zu streiten. Und ihre Streits friedlich zu lösen. Ja, das glaube ich. Da bin ich mir sogar ziemlich sicher.

Also, Streiten ist bei Kindern was ganz Normales und macht auch Spaß. Und das Versöhnen hinterher noch mehr. Wenn Kinder sich versöhnen, dann versöhnen die sich ganz anders, als Erwachsene das tun. Nicht mit Umarmen und Küsschen und so 'nem Quatsch.

Wenn Kinder sich versöhnen, dann raufen die sich zusammen.

Loben ist auch so ein Thema, an das die Erwachsenen gar nicht richtig ran wollen.

Mit Schimpfen sind sie ja schnell bei der Hand, vor allem die Eltern und die Lehrer. Aber mit Loben, wenn Kinder was Tolles gemacht haben, da tun sie sich echt schwer.

Ich nenne nur mal ein Beispiel: Jedes Mal, wenn mein Überfliegerbruder mit 'ner Eins nach Hause kommt, kriegen sich meine Eltern gar nicht mehr ein vor Glück. Und loben ihn und loben, dass es schon peinlich ist. Aber wenn *ich* mal mit 'ner Drei heimkomme, da werd ich nicht gelobt. Da staunen sie nur, dass es keine Vier geworden ist.

In einem von Mamas Ratgeberbüchern habe ich gelesen, dass Anerkennung und Lob eine Art Turbo-Dünger ist für Verstand und Seele. Also, von Turbo-Dünger habe ich bei mir noch nichts gespürt. Kein Wunder, dass ich über die Drei noch nicht hinausgekommen bin.

Wenn Kinder etwas Tolles gemacht haben, soll man sie ruhig mal loben dafür oder auch bewundern. Aber die Erwachsenen merken noch nicht einmal, wenn die Kinder was Tolles gemacht haben. Und dass sie traurig sind, wenn man sie nicht lobt dafür.

Neulich Nachmittag hat die Frau Meier zum Flugplatz gemusst, um ihren Mann abzuholen. Der ist Pilot, das hab ich, glaub ich, schon gesagt. Und ich habe auf ihre Mathilde aufgepasst, die ist drei.

Mathilde hat als Überraschung für ihren Papa einen wunderschönen Turm aus Legos gebaut. Der Papa hat gemeint, dass er zwar schön ist, aber auch ziemlich wacklig. Und er hat so lange an ihm rumgemacht, bis er umgefallen ist. Dann hat er einen neuen gebaut. Und hat zu ihr gesagt, dass sie ihm das nächste Mal wieder einen Turm bauen soll, aber einen, der nicht gleich wieder umfällt.

Dann ist er zu ihrer Mama und hat mit ihr rumgeknutscht. Mathilde hat nicht geweint, aber ich habe gesehen, wie in ihren Augen ein kleiner See entstanden ist

Ich habe auch Tränen in den Augen gehabt, aber vor Wut. Und wenn ich in Wut bin, müssen sich die Erwachsenen vor mir in Acht nehmen!

Ich bin ihm nach, diesem Ekelmonster, und habe ihm die Meinung gesagt, aber wie! Was ich gesagt habe, kann ich hier nicht wiederholen. Aber so schnell vergessen wird er es nicht. Und mitfliegen bei ihm im Flugzeug werde ich auch nicht. Nie im Leben. Lieber gehe ich zu Fuß.

Frau Meier hat Mama am nächsten Tag alles brühwarm erzählt. Geschimpft hat sie nicht, sogar gelacht hat sie dabei. Mama hat es auch ganz toll gefunden, was ich getan habe.

Was ich gesagt habe, hat sie nicht so toll gefunden. Sie hat mich gefragt, wo ich denn all die schlimmen Ausdrücke herhabe, von denen ihr die Frau Meier erzählt hat. Ob ich die vom Schulhof habe? Ich habe gesagt, dass ich die nicht von Kindern habe, sondern von Erwachsenen. Aber dass ich sie mir meist nur denke, nicht sage.

Das hat Mama beruhigt.

Aber seit ich sie jetzt auch mal gesagt habe, die schlimmen Ausdrücke, weiß ich, dass sie starke Eindrücke hinterlassen können. Sie immer nur denken ist langweilig, sie zu Erwachsenen auch mal sagen ist richtig schön.

Das habe ich Mama aber nicht gesagt.

Ach ja, Lügen. Noch so ein Thema.

Lügen sollen wir Kinder ja nicht, dabei ist es oft so praktisch. Aber wie sollen wir es uns ohne Vorbilder abgewöhnen? Die Erwachsenen sind ja keine. Die nehmen es mit der Wahrheit nämlich nicht immer so genau. Eher ziemlich ungenau. Nur wir Kinder, wir sollen immer ganz ehrlich sein.

Timos Mama hat Timo neulich bei einer Lüge erwischt. Für die hat er eine ganze Woche Fernsehverbot gekriegt.

Also, Timos Mama, die muss gerade reden! Die lügt vielleicht. Und manchmal so blöd, dass es auch der Dümmste noch merkt. Die ist neulich so spät vom Shoppen heimgekommen, dass Timo fast verhungert wäre. Weil sie beim Friseur so lange hat warten müssen, hat sie gesagt. Dabei

war es Montag, wo die Friseure gar nicht aufha-
ben.

Gut lügen muss man nämlich können. Mein
kleiner Bruder, der Niko, der kann es schon richtig gut. Der hat aber auch eine große Schwester.

Aber neulich habe ich Timos Mama mal bewiesen, dass das gar nicht stimmen kann, was
sie behauptet hat. Da hat sie mich mit so einem
verständnisvollen Mütterblick angesehen und
hat zu mir gesagt: »Weißt du, Kiki, Erwachsene
sagen zu Kindern manchmal was, obwohl es gar
nicht stimmt. Aber das ist nicht Lügen, das ist
Schwindeln. Und wir tun es nur aus erzieheri-
schen Gründen.«

Ach ja! Mit Ausreden sind die Erwachsenen
bei Kindern ja immer schnell zur Hand.

Aber auch aus denen kann man als Kind was
lernen.

Timo und mein Bruder Niko und ich sprechen
jetzt nicht mehr von Lügen, nur noch von
Notlügen. Und Notlügen sind keine
richtigen Lügen, höchstens halbe.

Und unser Pfarrer sagt, dass es
lässliche Sünden sind, also ver-
zeihliche. Und dass man wegen
denen auch nicht in die Hölle
kommt.

Und weil man wegen denen nicht in die Hölle kommt, lügen Timo und ich jetzt immer läss-
lich.

Ja, nicht nur Erwachsene verstehen was von
Ausreden, Kinder schon auch.

Und das frage ich mich auch oft: Warum sollen
Kinder eigentlich immer Sachen gerne tun, die
die Eltern selbst nicht tun?

Mein bester Freund in der Schule, der Timo,
hat Geige lernen müssen. Für Klavier war die
Wohnung nicht geeignet, deshalb Geige. *Er*
wollte überhaupt kein Instrument lernen, aber
die Eltern wollten.

Während Timos aktiver Geigenzeit hat mich
seine Mutter einmal ganz stolz gefragt: »Und du,
Kiki, welches Instrument spielst du denn?«

»Keins«, habe ich geantwortet, »und welches
spielen Sie?«

Das war ihr natürlich megapeinlich, weil sie
auch keins spielt.

Typisch Eltern! Selbst keinen Bock auf Geige
oder Flöte haben, die armen Kinder aber geigen
oder flöten lassen.

Ich habe jetzt allen Kindern, die nicht wollen
aber sollen, geraten, ihren Eltern vorzuschlagen,
dass sie auch ein Instrument lernen, damit sie

dann alle schön miteinander Musik machen können.

Aber bisher ist es noch in keiner Familie zu einem Familienorchester gekommen.

Fünfzehntes Kapitel

in dem ich die Erwachsenen mal
fragen möchte, was aus unserer
Erde werden soll, wenn niemand gut
zu ihr ist.

Neulich haben sie Kinder und Jugendliche in so
einer Befragung gefragt, wen sie lieber haben,
Mama oder Papa (fand ich ziemlich blöd die Frage), und was sie an den Eltern besonders mögen.

Bei »was sie besonders mögen« sind natürlich
ganz verschiedene Sachen genannt worden,
»gute Köchin« oder »Papa erlaubt mehr als
Mama« und so was. Aber dass Kinder ihre Eltern
besonders toll finden, weil sie so viel für die
Umwelt tun, damit die nicht kaputt geht, das hat
kein Kind gesagt.

Konnte auch kein Kind sagen, weil das auch
gar nicht stimmen würde. Weil nämlich die meisten Erwachsenen richtige Umweltmuffel sind.
Die interessieren sich gar nicht wirklich für unse-

re Erde und dass sie gesund bleibt. Das behaupten sie nur immer, dass sie sich interessieren und das für die Kinder tun. Weil das modern ist, öko zu sein.

Also, irgendwas passt da ja gar nicht zusammen. Wie können die Erwachsenen nur behaupten, uns Kinder wirklich liebzuhaben, wenn sie doch die Erde kaputt machen? Und auf der leben doch nicht nur sie, sondern auch wir. Und das noch viel länger. Da kann es ja mit der Liebe zu den Kindern nicht so schrecklich weit her sein, möchte ich mal sagen.

Dabei geht die Natur kaputt, das kann man überall sehen. Und in den Nachrichten im Fernsehen zeigen sie es auch. Jeden Tag eine neue Katastrophe. Nicht nur bei uns, überall auf der Welt.

Wie die Eisbären sterben, weil sie kein Eis mehr finden, weil alles schon geschmolzen ist.

Wie die Bäume krank werden von den Abgasen.

Wie die Seevögel sterben, weil wieder einmal ein Öltanker ausgelaufen ist und alles klebt und stinkt.

Wie in den Flüssen die Fische sterben von den giftigen Chemiestoffen, die die Fabriken hineinlaufen lassen.

Und, und, und!

Dabei könnte jeder was tun. Vor allem die Väter. Die sind ja die Ober-Umweltmuffels. Die Mütter sind da viel besser. Wahrscheinlich, weil sie sich mehr Sorgen machen, was aus ihren Kindern einmal wird, wenn das mit den Umweltschäden so weitergeht.

Nehmen wir nur mal die Autos. Jeder weiß doch, was Autos der Umwelt antun. Aber von Vernunft bei den Vätern keine Spur. 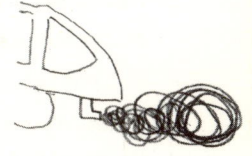 Die müssen die Kinder unbedingt mit dem Auto in die Schule bringen, auch wenn sie um die Ecke wohnen. Dabei würden die Kinder viel lieber zu Fuß zur Schule gehen. Ohne Eltern. Mit anderen Kindern oder mit dem Fahrrad. Aber nein, sie müssen gefahren werden. Und wehe, man sagt was. Die sind ja so stolz auf ihre Blechkisten, die Väter.

Dass man in der Stadt kaum noch parken kann, weiß jeder. Die Frauen wissen es und fahren deswegen mit dem Rad. Die Männer wissen es auch und fahren trotzdem mit dem Auto. Lieber fahren sie hundertmal um den Pudding, um eine Parklücke zu finden, statt Rad zu fahren. Und nicht etwa in irgendeinem Auto fahren sie. Nein, in einem von diesen schwarzen Riesenautos, die Sprit schlucken ohne Ende. Und die mit ihren schwarzen Scheiben aussehen wie Leichenwagen. Also, mir wäre das peinlich, aus so einem Auto auszusteigen. Da würden die Leute ja denken, die Leiche lebt noch.

Geschirr spülen tun Männer gar nicht gern, das ist bekannt. Aber Autowaschen schon. Mit Unmengen von Wasser. Und wenn sie nicht selber waschen, lassen sie das die Waschanlage machen.

Ja, weiß denn immer noch nicht jeder, dass Wasser was ganz Kostbares ist? Dabei wird es so verschwendet.

Zum Beispiel beim Zähneputzen. Wenn man da das Wasser laufen lässt, rauschen in jeder Minute acht Liter den Bach runter. Bei drei Minuten Putzen sind das ungefähr fünfundzwanzig Liter. Einfach so!

Mein Bruder Niko meint, dass es bei ihm nur vier Liter sind. Das stimmt, aber der putzt auch nur eine halbe Minute. Zum Wassersparen will er in Zukunft ganz ohne Wasser putzen.

Und wenn man duscht, verbraucht man in jeder Minute zwölf Liter Wasser. Das sind in fünf Minuten sechzig Liter. Bei jemand, der einmal täglich duscht, sind das vierhundertzwanzig Liter in der Woche. Und bei zweimal Duschen acht-

hundertvierzig Liter. Das kann jedes Kind nach-
rechnen. Aber besser noch Duschen als Baden
in der Wanne. Da verbraucht man nämlich das
Doppelte.

Und all das Wasser ist nicht irgendein Wasser,
sondern gutes Trinkwasser.

Da muss ich dann immer an die vielen
Menschen denken, die so wenig Wasser haben, dass sie sich über jeden Tropfen freuen, weil
sie fast verdursten. Über eine Milliarde Menschen
gibt es jetzt auf der Erde, die kein richtiges Trinkwasser haben. Wie viel eine Milliarde ist, kann
man sich gar nicht so richtig vorstellen, jedenfalls
hängen 'ne Menge Nullen an der Eins.

Aber nicht nur die in den armen Ländern haben wenig Wasser. Auch die Reichen und die
Popstars in Hollywood haben immer weniger,
wenn das nämlich mit dem Wasserverschwen-
den so weitergeht und es nicht genügend regnet.
Aber bei denen ist das nicht so schlimm, weil
die sich ja zum Duschen Mineralwasser kaufen
können.

Mein Bruder Niko will jetzt wie ich voll in den
Umweltschutz einsteigen. Allerdings interessiert
ihn weniger die Wasserverschwendung beim
Zähneputzen als die Papierverschwendung in der
Schule. Er hat nämlich irgendwo herausgefun-

den, dass bei uns jeder Mensch mindestens zweihundert bis dreihundert Kilo Papier im Jahr verbraucht, die Windeln sind da noch nicht mitgerechnet. Und Niko glaubt, dass das meiste Papier für Schulbücher und Hausaufgabenhefte verwendet wird.

Um gegen die Papierverschwendung in der Schule anzugehen, hat Niko jetzt damit angefangen, Hausaufgaben mit Griffel auf einer Schiefertafel zu machen. Da war aber seine Lehrerin dagegen.

Lehrer können mit dem Umweltgedanken eben noch gar nicht so recht was anfangen, das muss ich leider immer wieder feststellen.

Mama hat die Idee mit der Schiefertafel übrigens auch nicht gefallen, weil Niko, um Wasser zu sparen, das Schwämmchen zum Wegwischen nicht nass gemacht hat. Das hat nicht nur grässlich gequietscht, sondern auch fürchterlich gestaubt. Teilweise musste bis zu dreimal täglich Staub gesaugt werden. Das hat natürlich wieder mehr Strom verbraucht. So was nennt man einen Teufelskreis.

Nun macht Niko wieder wie früher die Hausaufgaben ins Heft, dafür aber viel seltener. Manchmal nur einmal die Woche. Ja, für Öko tut er alles.

Da sollte sich meine Lehrerin, die Frau Herbst, mal ein Beispiel nehmen. Bei der tun sich nämlich noch große Wissenslücken auf im Umweltschutz. Neulich habe ich sie nämlich gefragt, ob sie sich vorstellen kann, wie viele Bäume gerettet werden könnten, wenn sie uns weniger Hausaufgaben aufgeben würde. Das hat sie sich nicht vorstellen können. Dafür hat sie mich einen Aufsatz darüber schreiben lassen. Als Strafe für freches Fragen. Das hat sie natürlich nicht so gesagt. Sie hat gesagt: »Du *darfst* uns einen Aufsatz darüber schreiben, damit wir es alle wissen.«

Ich habe geschrieben, wie man Bäume schützen kann. Und dass man mehr Bäume pflanzen soll, vor allem in den Städten und in den Schulen. Natürlich habe ich nur ein paar Zeilen geschrieben und ganz klein, um Papier zu sparen und Bäume zu retten.

Niko hat gemeint, dass man den unvernünftigen Erwachsenen echt mal Unterricht in Umweltschutz geben müsste. So eine Art Nachhilfe für Späteinsteiger.

Ich habe die Idee klasse gefunden, aber auch gedacht, dass das gar nicht so leicht ist. Dass man da wahrscheinlich mit dem Primitivsten anfangen muss, weil die meisten Erwachsenen ja noch gar nicht viel wissen. Und dass man ihnen zuerst die vielen schlechten Angewohnheiten abgewöhnen muss, die sie sich als Kinder angewöhnt haben. Weil ihre Eltern damals vielleicht noch gar nicht gewusst haben, dass man unsere Erde auch kaputt machen kann.

Bei Eltern und Lehrern habe ich gleich mit dem Unterricht anfangen wollen. Als Pilotprojekt. So nennt man so was, hat mein Bruder Alexander gesagt.

Ich habe einen großen Zettel bei uns in der Schule ans Schwarze Brett gehängt, schön geschrieben und ohne Fehler. Darauf hat gestanden:

Gebe Nachhilfe in Umweltschutz.
Für Eltern und Lehrer besonders geeignet.
Vorkenntnisse nicht erforderlich.
Einmal wöchentlich gleich nach Reli.
Unter dem Baum im Schulhof.
Entfällt bei schlechtem Wetter.
Kostenlos. Freiwilliger Beitrag erwünscht.
Bei erfolgreichem Abschluss Anerkennungs-
urkunde, gerahmt.
            Anmeldung bei Kiki, Klasse 3a

Den Zettel habe ich in der Pause aufgehängt. Nach der Schule hat er nicht mehr dort gehangen.

Dafür hat Mama mich abgeholt und schweigend nach Hause gebracht. Und Pfannkuchen zum Abendessen hat es auch nicht gegeben, dabei war es Dienstag, wo es sonst immer Pfannkuchen gibt.

Da kann man wirklich mal sehen, wie schwer es der Umweltschutz bei uns noch hat.

Sechzehntes Kapitel

in dem ich sagen möchte, warum
Träume für Kinder so wichtig sind.
Und dass vielleicht die Erwachsenen auch mal wieder träumen
sollten.

Erinnern Sie sich noch an den Kinderbuchautor,
von dem ich am Anfang erzählt habe und von
dem ein Bild in meinem Zimmer hängt?

»Wenn du im Leben glücklich werden willst«,
hat er zu mir gesagt, »musst du deinen eigenen
Wünschen und Träumen folgen. Und die findest
du nur in dir selbst.«

Das hat er gesagt, und daran muss ich immer
wieder denken.

Als wir noch klein waren, meine Brüder und
ich, haben wir uns oft gegenseitig unsere Träume
erzählt. Manchmal haben uns auch Mama und
Papa erzählt, was sie in ihren Träumen erlebt haben.

Die Idee von dem sich gegenseitig Träume erzählen hat Mama gehabt. Die kannte das von sich zu Hause, da haben sie das auch gemacht.

Die Träume von uns Kindern waren meist viel aufregender als die von unseren Eltern. Richtige Geschichten wie in den Märchenbüchern, aufregend und spannend. Natürlich nur die von Niko und mir waren richtig gut, die von Alex waren ziemlich langweilig.

Die Träume von Mama und Papa waren ganz anders als unsere. Die haben oft von Sachen geträumt, die sie am Tag erlebt haben. Oder die ihnen Sorgen gemacht haben oder Angst.

Also, ich tue das nicht, nachts von meinen Sorgen träumen, von meinen Schulproblemen und so was. Mir genügt es schon, dass ich die habe. Von denen muss ich nicht auch noch träumen.

Ich erfülle mir in meinen Träumen immer das Schöne, das ich am Tag nicht haben kann. Träumen in der Nacht macht mich richtig stark für die Schule am nächsten Tag. Das steht auch in einem von Mamas Ratgeberbüchern, dass Kinder träumen, um gesund zu bleiben. Seelisch!

Und warum sollte das bei den Lehrern anders sein? Die sollten ruhig mal schöne Sachen träumen, das würde denen auch nicht schaden. Und den Kindern dann auch nicht.

Aber nicht nur Lehrer, alle Erwachsenen sollten mehr träumen, weil das nämlich hilft, wenn
man Sorgen hat und Stress. Früher, als sie noch
Kinder waren, haben sie ja auch geträumt, die
Erwachsenen. Sie haben nur vergessen, dass sie
das getan haben und wie schön Träumen ist.

Mamas Bruder, mein Onkel Poldi, meint, dass
das ganz wichtig ist für Kinder, den Eltern ihre
Träume zu erzählen. Weil die Eltern dann sehen
können, was die Sehnsüchte ihrer Kinder sind.
Natürlich auch, was sie für Probleme haben.
Und er hat mir erzählt, dass die Eltern von ihm
und Mama deswegen schon ganz bald erkannt
haben, dass seine große Sehnsucht das Zeich-
nen und das Malen ist. Und ein Zeichner ist er
dann auch geworden.

Über Mamas Sehnsüchte hat er nichts gewusst, aber ich glaube, es ist eine süße kleine
Tochter gewesen. Und die hat sie ja auch gekriegt.

Aber leider gibt es, glaube ich, gar nicht so
viele Familien, in denen man sich seine Träume
erzählt. Mein Freund Timo hat seiner Mama neulich einen seiner Träume beim Frühstück erzählen wollen. Sagt die doch glatt zu ihm: »Liebling,
erzähl mir heute Abend deinen Traum, du bist
für die Schule eh schon spät dran.« Ich glaub es

nicht! Als ob die blöde Schule nicht warten könnte. Über einen Traum sprechen ist wichtiger als pünktlich in die Schule kommen, aber holla!

Ich träume ja auch viel am Tag. Vor allem während des Unterrichts. Da schaue ich gerne in die alten Bäume draußen vor dem Fenster. Da träumt man dann ganz schnell. Es müssen aber Bäume sein mit Vögeln und Eichhörnchen darin, damit ich träumen kann. Die Tafel im Klassenzimmer bringt nicht das Gleiche wie die alten Bäume. Und meine Lehrerin bringt auch nicht das, was die Eichhörnchen mir bringen. Aber das nur nebenbei.

Ja, wenn ich nicht so oft träumen würde, würde ich vieles nicht aushalten. Und für meine Lehrerin ist es auch angenehmer, wenn ich träume. Weil, wenn ich nicht träume, ich dann ganz schön hyper sein kann.

Timo träumt immer von besseren Noten. Also, von so 'nem Quatsch träume *ich* nicht. Noten sind echt so unwichtig, dass ich nicht meine schönen Träume auch noch an so was verschwenden möchte. Ich träume von dem, was nach der Schule kommt.

Mein Bruder Niko träumt auch viel. Er träumt von immer neuen Erfindungen, die er macht und mit denen er einmal sehr berühmt werden will. Mama ist ja nicht unbedingt ein Fan von seinen Erfindungen, weil dann immer so viele Sachen im Haus fehlen. Oder nicht mehr so funktionieren, wie sie vorher funktioniert haben.

Onkel Poldi hat gesagt, dass Nikos Träume schon echte Visionen sind. Und dass die Welt Menschen mit Visionen braucht. Weil wir nicht gewusst haben, was Visionen sind, hat er es uns erklärt. Es sind Traumbilder, hat er gesagt. Und dass Menschen, die tolle Visionen haben, sie unbedingt wahr werden lassen müssen, koste es, was es wolle.

Das trifft ja voll auf Niko zu, habe ich gedacht. Die Visionen, die er hat und die er unbedingt wahr werden lassen muss, sind nämlich toll. Beinahe schon galaktisch. Zurzeit sind wir deswegen auch ohne Staubsauer, Toaster, Haarföhn und

Elektrorasierer, weil das alles Sachen sind, die er für seine neueste Vision gebraucht hat: einen Marsroboter. Der ist aber noch nicht auf dem Mars, sondern steht noch im Kinderzimmer.

Also, mit Mama sollte man über Nikos Visionen besser nicht sprechen. Zu denen hat sie noch nicht den rechten Zugang.

Erfinder sind alle ziemlich verrückt, hat Onkel Poldi gesagt, und hat uns von einem Herrn Zeppelin erzählt. Der war auch ein großer Träumer und sogar ein echter Graf. Und der hat eine Vision gehabt. Eine einzige nur, aber was für eine! Der wollte nämlich unbedingt von oben auf die Erde hinuntergucken. Heute kann das natürlich jeder, man braucht nur in ein Flugzeug einsteigen. Aber damals, vor über hundert Jahren, wo man noch nicht in Flugzeugen herumfliegen konnte, war es eine ziemlich verrückte Idee. Und dann, als er es geschafft hatte, war es eine echte Sensation.

Träumen allein genügt nicht, hat Onkel Poldi gesagt, man muss seine Vision auch wahr werden lassen. Und das hat der Herr Zeppelin auch getan. Und er hat ein Luftschiff gebaut, also ein

Schiff, das in die Luft aufsteigt und fliegt. Sogar bis nach Amerika ist es geflogen.

Niko hat wissen wollen, ob es solche Luftschiffe auch heute noch gibt. Und Onkel Poldi hat erzählt, dass es sie gibt. Dass sie ganz hoch fliegen können und von Forschern benutzt werden, die Messungen über unsere Erde machen.

Und dann hat er noch erzählt, dass sie in manchen Städten auch Aussichtsflüge machen. Und dass er uns Flugbillets schenken wird, wenn so ein Luftschiff mal in unsere Stadt kommen sollte.

Mama war von der Idee natürlich überhaupt nicht begeistert, aber darüber haben wir hinweggesehen. Niko hat sogar für die Schule mehr getan, nur damit Mama es erlaubt. Das habe ich übertrieben gefunden.

Und eines Tages ist es dann tatsächlich in unsere Stadt gekommen, das tolle Luftschiff vom Herrn Zeppelin.

Niko hat vor Aufregung Fieber bekommen, und Mama hätte am liebsten die Flugbillets zurückgeben. Aber auf denen ist hinten draufgestanden, dass man die Billets nicht zurückgeben kann. Das war meine Idee, das draufzuschreiben, und Alex hat es mit dem Drucker von seinem Computer gemacht. Manchmal könnte man ihn richtig liebhaben, das alte Ekel.

Der Zeppelin ist auf einer Wiese auf unserem Flugplatz gelandet gewesen. Damit er nicht von selbst wegfliegt, hat man ihn an einem hohen Mast festgebunden. Der war auf einem Lastwagen montiert. Und zum Einsteigen hat man eine kleine Treppe an die Tür geschoben.

Und dann sind wir eingestiegen – und er ist wahr geworden, Nikos Traum.

Die Erde von oben sehen und über unsere Stadt und über Felder und Wälder hinweg fliegen, bis in die Berge hinein – das war einfach toll.

Wir waren ganz benommen, als wir wieder unten waren.

Niko hat sich beim Luftschiff-Kapitän ganz lieb bedankt für den tollen Flug. Und er hat ihm versprochen, dass er ihn mitnehmen wird, wenn er eines Tages zum Mars fliegt.

Und Onkel Poldi hat jedem von uns zur Erinnerung an das Abenteuer ein T-Shirt geschenkt. Da war ein Bild von dem Herrn Zeppelin drauf. Leider keines von ihm in jung.

Und unter dem Bild hat ein Gedicht gestanden, das hat mir sehr gefallen.

Und es hat mich an den Kinderbuchautor erinnert. Und an das, was er zu mir gesagt hat.

Und das ist das Gedicht:

Dort, wo die Idee entspringt,
Vision und Mut das Herz bestimmt,
beginnt die Reise durch die Zeit –
und Träume werden Wirklichkeit.

Und seit Niko das T-Shirt hat, zieht er es nicht mehr aus – auch nicht in der Nacht.

Siebzehntes Kapitel

in dem ich sage, dass ich nicht noch
einen Kinderratgeber schreiben
werde. Weil, wer es bis jetzt nicht
kapiert hat, es nie kapieren wird.

Viele Erwachsene haben mein erstes Ratgeberbuch gekauft und gar nicht genau gewusst, was
da eigentlich drinsteht. Wahrscheinlich haben
sie gehofft, dass da was drinsteht, was sie in all
den schlauen Ratgeberbüchern über Kinder bisher noch nicht gelesen haben.

Und bei *Ihnen* ist es vielleicht auch nicht anders gewesen. Sie haben mein neues Ratgeberbuch gekauft, weil Sie gehofft haben, endlich einmal etwas Nützliches über Kinder zu erfahren.
Und wie man mit ihnen besser zurechtkommt.
Und sie richtig erziehen kann, die schwierigen
Kinder.

Nun haben Sie es gelesen, hoffentlich gründlich, und haben vielleicht das eine oder andere

über Kinder darin gefunden, was Sie in anderen Büchern noch nicht gelesen haben. Ich meine, nicht so, wie *ich* es geschrieben habe. Und wie wir Kinder die Welt so sehen.

Und sehen das eine oder andere jetzt vielleicht ein bisschen anders als vorher. Und denken darüber nach.

Deswegen habe ich mir ja auch die Mühe mit dem Buch gemacht. Damit die Erwachsenen nicht ständig nur über die schrecklichen Kinder jammern, sondern über all das, was ich geschrieben habe, auch einmal nachdenken.

Und über sich selbst natürlich auch.

Denn noch einmal werde ich so ein Buch bestimmt nicht schreiben. Das ist nämlich ganz schön anstrengend, so ein Buch. Und ganz nebenbei bin ich ja auch noch Schulkind und muss für die Schule was tun. So ganz schleifen lassen will ich die nun auch nicht.

Ach ja, Schule.

Schulen gibt es ja wie Sand am Meer. Hunderte, wahrscheinlich Tausende oder sogar noch mehr.

Aber ist Ihnen schon mal aufgefallen, dass diese Schulen nur für Kinder sind, nicht für Erwachsene?

Nur bei Erich Kästner gibt es eine: die *Schule*

für schwererziehbare Erwachsene. Sie kommt in seinem Buch *Der 35. Mai* vor.

Schade, dass sie nur erfunden ist, diese Schule, und dass es sie in Wirklichkeit gar nicht gibt. Dabei wäre es so wichtig, dass es so eine Schule geben würde, die Schule für schwererziehbare Erwachsene.

Wobei, eine würde wahrscheinlich gar nicht genügen. Weil es nämlich einfach so viele schwererziehbare Erwachsene gibt. Mehr als schwererziehbare Kinder, möchte ich mal sagen.

Aber vielleicht gehören *Sie* ja jetzt gar nicht mehr zu denen, die so eine Schule bräuchten. Die in so eine Schule gehen müssten. Weil *Sie* nämlich meinen Kinderratgeber gelesen haben.

Und nachgedacht haben, über all das, was ich gesagt habe.

Und vieles jetzt ändern wollen, auch bei sich.

Und weil Sie nun wissen, dass es gar keinen Sinn hat, sich ständig nur über die Kinder aufzuregen.

Und sie zu kritisieren.

Und so erziehen zu wollen, wie Erwachsene glauben, dass Kinder erzogen werden sollten.

Weil das alles keinen Sinn hat, wenn sich nicht auch die Erwachsenen ändern.

Weil die Kinder nämlich meist nur das tun, was die Erwachsenen ihnen vormachen.

Und das kann man ihnen eigentlich nicht vorwerfen, den Kindern.

Den Erwachsenen aber vielleicht schon.

Zum Autor:

Klaus Heilmann, Kommunikationsexperte und Autor von über dreißig Sach- und Fachbüchern, war früher Arzt und Universitätsprofessor. Er hat Romane, Hörspiele und Theaterstücke geschrieben und schreibt (und liest) heute am liebsten für Kinder.

Er hat neue Kinderbuchfiguren geschaffen und vor weit über 50 000 Schulkindern aus seinen Kinderbüchern gelesen. Wer so vielen Kindern zuhört und mit ihnen spricht, der weiß, was Kinder bewegt. Was sie über Erwachsene denken, hat er in Kikis zweitem Kinderratgeber zu Papier gebracht.

Klaus Heilmann ist Vater eines erwachsenen Sohnes. Er lebt und arbeitet in München und der toskanischen Maremma.

Klaus Heilmann

Kikis nützlicher Kinderratgeber

Was Erwachsene
über Kinder wissen sollten

Kiki ist beinahe schon 10 Jahre alt und weiß genau,
welche Probleme Kinder mit Erwachsenen haben –
und sie gibt auch gleich noch Tipps, wie diese zu
ändern sind. Also die Erwachsenen. Aber die Probleme natürlich auch.

»Meine Eltern denken ja ständig darüber nach, wie
sie mich und meine Brüder besser erziehen können, damit aus uns mal was Ordentliches wird. Dabei ist das gar nicht nötig, wir sind schon was ziemlich Ordentliches. Wahrscheinlich glauben Eltern,
dass alles besser laufen würde, wenn die Kinder sich
ändern würden. Dabei ist es genau umgekehrt: die
Erwachsenen müssten sich mal ändern! Aber bring
das denen allen mal bei, von Einsicht keine Spur!«

»Heilmann ist ein Ratgeber der ganz anderen Art
gelungen, ein witziges und klug geschriebenes Plädoyer
für mehr Gelassenheit, das uns mitten hineinführt
in die Gedankenwelt eines Kindes.«
Frankfurter Allgemeine Zeitung

KNAUR